Mike Hager

REICH MIT NFTs

W0083757

Mike Hager

REICH
MIT
NFTs

INVESTIEREN IN NON-FUNGIBLE TOKENS: *ALLES, WAS DU WISSEN MUSST*

Bibliografische Information der Deutschen Nationalbibliothek
Die Deutsche Nationalbibliothek verzeichnet diese Publikation in der Deutschen National-
bibliografie. Detaillierte bibliografische Daten sind im Internet über http://dnb.d-nb.de
abrufbar.

Für Fragen und Anregungen
info@finanzbuchverlag.de

1. Auflage 2022

© 2022 by FinanzBuch Verlag, ein Imprint der Münchner Verlagsgruppe GmbH
Türkenstraße 89
80799 München
Tel.: 089 651285-0
Fax: 089 652096

Unter Mitarbeit von Dr. Petra Begemann, www.petrabegemann.de

Redaktion: Judith Engst
Korrektorat: Dr. Manuela Kahle
Umschlaggestaltung: Alexander Volkmer, Pamela Machleidt
Umschlagabbildung: Foto: Christian Lisch
Satz: reinsatz . Roman Heinemann
Druck: CPI books GmbH, Leck
Printed in the EU

ISBN Print 978-3-95972-578-1
ISBN E-Book (PDF) 978-3-98609-093-7
ISBN E-Book (EPUB, Mobi) 978-3-98609-094-4

Weitere Informationen zum Verlag finden Sie unter

www.finanzbuchverlag.de

Beachten Sie auch unsere weiteren Verlage unter www.m-vg.de

INHALT

EINFÜHRUNG – WIE ICH ZIEMLICH SCHNELL 4 MILLIONEN EURO REICHER WAR

———— Ich habe mich schon immer für Dinge interessiert, die für die meisten Menschen noch Zukunftsmusik sind. Marketingexperten würden mich wahrscheinlich als »Early Adopter« bezeichnen – schnell zu begeistern für Neues. So ging es mir Anfang 2013 auch beim Bitcoin. Keiner in meinem gesamten Netzwerk, inklusive der Finanz-Experten, hatte damals davon gehört. Und die, die ich darüber aufzuklären versuchte, riefen »Tulpenblase!«. In den Niederlanden wurden im 17. Jahrhundert astronomische Preise für einzelne Tulpenzwiebeln bezahlt, bevor der Markt zusammenkrachte, was viele Käufer in den Ruin stürzte. Und das wundert einen selbst dann nicht, wenn man ein echter Fan von Schnittblumen ist. Ich ließ mich von den düsteren Prognosen meines Umfelds dennoch nicht beirren und kaufte 30 Bitcoin à 30 Euro. Als sie bei 180 Euro standen, verkaufte ich wieder und freute mich über meinen Gewinn. Schließlich hatte ich meinen Einsatz versechsfacht! 2017 kletterte der Bitcoin-Kurs dann allerdings auf über 10.000 Euro, inzwischen lag er zeitweise bei über 50.000 Euro. Wieder eingestiegen bin ich übrigens bei 3.000 Euro.

Gary Vee kann nicht irren! Oder?

Anfang 2021 hatte ich ein klassisches Déjà-vu-Erlebnis. In einem Post von Gary Vaynerchuk, Marketinggenie, Investor und Unternehmerstar in den USA, tauchte die Abkürzung »NFT« auf (non-fungible token). Kurz darauf las ich in einem amerikanischen Blog über die Möglichkeit, auf der Blockchain digitale Echtheitszertifikate zu erstellen und damit digitale Wirtschaftsgüter (»tokens«) unverwechselbar zu machen. Dadurch wurde beispielsweise Digitalkunst, die vorher beliebig oft kopiert werden konnte, zum »nicht-austauschbaren« (»non-fungible«) Objekt, also zu einem Unikat, und konnte plötzlich gehandelt werden wie andere »echte« Kunst. Was das für die Preise bedeuten würde, kannst du dir ausmalen. Als ich dann noch in einem meiner Lieblingspodcasts, dem von Tim Ferriss, über NFTs stolperte, fragte ich meine Finanzfreunde: »Schon davon gehört?« Die Antwort war: »Nee!« Und sogar meine Kryptofreunde hatten keinen blassen Schimmer. Sobald ich es zu erklären versuchte, hieß es wieder: »Ja, ja – Tulpenblase!« In diesem Moment wusste ich, was ich zu tun hatte. Ich würde mich schlau machen über diese geheimnisvollen NFTs, mit weit mehr Geld einsteigen als damals beim Bitcoin und die Investments länger halten. Ich fühlte mich, als wollte mir das Universum sagen: »Hey Mike, mit den Bitcoins hast du's damals nicht ganz richtig gemacht, hier ist deine zweite Once-in-a-lifetime-Chance.« In den nächsten Monaten tauchte ich tief in die NFT-Welt ab. Ich folgte Menschen bei NFT-Twitter, chattete mich durch Discord, hörte Podcasts, las, was ich finden konnte, folgte NFT-Propheten und Künstlern in den sozialen Medien. Schlafen, essen, das alles war nur noch Nebensache. Ich schätze, inzwischen habe ich an die 2.000 Stunden meiner Lebenszeit in dieses Thema investiert, Tendenz steigend. Längst werde ich selbst als Experte in Podcasts eingeladen (sogar internationale) und berate andere dazu in meinem Mentoring-Programm »Mikes Money Mentoring – The Future of Finance«.

Ein historisches Datum

Am 28. Februar 2021 kaufte ich meinen ersten NFT, den Crypto-Punk, den du am Anfang dieses Kapitels siehst – wobei die Schwarz-Weiß-Abbildung ihm, beziehungsweise ihr, also der Dame, natürlich nicht gerecht wird. Ich bezahlte 24,62 Ether (ETH) – NFTs werden fast ausschließlich in Kryptowährungen und dort vorwiegend in Ether gehandelt. Zum Zeitpunkt des Kaufs war 1 Ether knapp 1.200 Euro wert. Ich hatte 60 Stück Ether allerdings schon vor einigen Jahren für je 200 Euro erstanden und investierte somit ganze 4.924 Euro. Wenig später kaufte ich einen zweiten Punk und kurz darauf noch einen dritten aus der Serie von insgesamt 10.000 CryptoPunk-Unikaten, die von einem Künstlerduo namens Larva Labs herausgebracht worden waren. Zu Beginn konnte man sich die nun sehr hochpreisigen Punks übrigens kostenlos »claimen«, also sichern. Das Einzige, was man 2017 hierfür benötigte, war eine Kryptowallet, eine digitale Geldbörse auf der Blockchain. Einige Monate nach meinem Kauf, im Herbst 2021, wurde kaum ein CryptoPunk unter 100 Ether gehandelt. Bei einem Oktober-Kurs des Ether von rund 3.500 Euro waren das 350.000 Euro. Und nachdem meine Punks das eine oder andere wertvolle (weil seltene) Attribut haben, waren diese drei nun weit über 1 Million Euro wert. Kein schlechter Schnitt, oder?

Bevor du nun losrennst und ein paar NFTs kaufst, um blitzschnell Millionär zu werden: Bei dieser Entwicklung kommen einige Faktoren zusammen. Die CryptoPunks gelten als das erste NFT-Kunstprojekt, zumindest im Bereich der »Profile Picture« – abgekürzt PFP-Projekte, also bei Serien, die auch als Avatare bzw. Profilbilder im Netz einsetzbar sind, wie du beispielsweise auf meinem Twitter-Account »Warrenhimself« (@nullinger) sehen kannst. Im Mai 2021 versteigerte das ehrwürdige Auktionshaus Christie's neun Crypto-Punks und erzielte damit fast 17 Millionen Dollar Erlös.[1] Das verlieh den Punks natürlich höhere Weihen. Darüber hinaus investierten bekannte Persönlichkeiten aus der Krypto- und Digitalszene in die coolen Pixelköpfe, darunter der schon erwähnte Gary Vaynerchuk, auch Gary Vee genannt, aber auch Show- und Sportstars wie Jay Z, Snoop Dogg oder Serena Williams. Ich wette übrigens, dass auch Elon Musk schon einen CryptoPunk besitzt und es nur noch nicht öffentlich gemacht hat. Vorsicht, solche Wetten gewinne ich gerne mal. Ich »wettete« auch öffentlich in einem Twitter-Post, dass Adidas bald einen NFT der Bored-Ape-Yacht-Club-Serie kaufen würde, was kurz darauf tatsächlich passierte. Die Presse von *F.A.Z.* bis *Wirtschaftswoche* berichtete über das Phänomen der CryptoPunks. Und spätestens, seit eine NFT-Bildcollage des Künstlers Beeple mit dem Titel »Everydays: The First 5000 Days« bei Christie's für 69 Millionen Dollar versteigert wurde, hatte jeder – zumindest jeder, der Zeitung liest oder Nachrichten schaut – schon mal von NFTs gehört. 69 Millionen, das ist übrigens der dritthöchste Preis, der bisher für das Werk eines lebenden Künstlers erzielt wurde.[2] Auf Platz 1 und Platz 2 findest du Jeff Koons und David Hockney. Zum Vergleich: Der teuerste van Gogh aller Zeiten, »Porträt des Doktor Gachet«, wechselte 1990 für 82,5 Millionen Euro den Besitzer. Wenn dieses Werk übrigens ein NFT gewesen wäre, dann hätten die Nachkommen von van Gogh bei diesem Verkauf 8,25 Millionen Euro an Tantiemen erhalten. Wie das geht? Bei jedem NFT-Kunstwerk hat der Künstler die Möglichkeit, im sogenannten »Smart Contract« Tantiemen zu hinterlegen (beispielsweise 10 Prozent), die er selbst oder eben seine Nachkommen bei jedem Weiterverkauf automatisch bekommen.

Vom Glückstreffer zum Expertenwissen

Bei meinem ersten NFT-Kauf war sicher auch etwas Glück im Spiel, denn dass die CryptoPunks aus den genannten Gründen zu den

Blue Chips im NFT-Bereich zählen würden, war mir im Februar 2021 so klar noch nicht. Überhaupt begann ich erst nach diesem Kauf, mich wirklich nonstop mit diesem Thema zu beschäftigen. Mit Erfolg. Am 1. Mai konnte ich frühmorgens nicht wieder einschlafen und ging ins Netz. Dort stieß ich auf die »Bored Apes«, gelangweilt dreinblickende, liebenswerte Affen, ebenfalls eine Serie von 10.000 Profile Pics, die wenige Tage zuvor gelaunched (veröffentlicht) worden waren. Der Besitz eines dieser Affenbildchen macht einen automatisch zum Mitglied des »Bored Ape Yacht Club«, der mir damals einen eher scherzhaften Eindruck machte. Ich konnte ja nicht ahnen, dass die Mitgliedschaft in diesem Club später eine der gefragtesten im gesamten NFT-Bereich sein würde. Megaprominente wie Basketballspieler Steph Curry oder Jimmy Fallon, der bekannteste TV-Moderator der USA, sind nur einige der schillernden Mitglieder, neben Unternehmerlegende Mark Cuban, Musikproduzent Timbaland, Musiker Post Malone und natürlich auch Gary Vaynerchuck. Die aktuelle Liste prominenter Besitzer kannst du jederzeit auf dieser Website einsehen https://famousape.club/. Frag bitte nicht, warum ich noch nicht draufstehe, ich bin selbst schwer empört. ;-) Ich »mintete« (kaufte vorab quasi »blind«) zehn dieser NFTs, die dadurch und in dem Moment auf der Blockchain entstanden.

Inzwischen kannte ich die Gesetze des NFT-Marktes schon besser. Hier wies alles auf ein lohnendes Investment hin, und ich fand die bizarren Affen einfach cool. Ich sollte Recht behalten. Bis September 2021 wurde mit der Bored-Ape-Serie ein Gesamtumsatz von fast 260 Millionen Dollar erzielt.3 Meine »Affen« sind aktuell rund 1,6 Millionen Euro wert, waren aber auch schon bei 2,5 Millionen Euro. Einen davon siehst du auf dem Sneaker, den ich mir habe machen lassen und der hier abgebildet ist. Ich könnte daraus übrigens eine Serie machen und diese verkaufen, denn bei den Bored Apes erwirbt man zusammen mit dem NFT auch die kommerziellen Verwertungsrechte an seinem eigenen Affen. Zu jedem Affen bekam ich als Käufer erster Stunde zudem später noch einen Hund geschenkt. Deren Wert beläuft sich gerade auf 166.000 Euro. Darüber hinaus erhielt ich später (auch in Form von NFTs) noch zehn Stück eines sogenannten Serums, mit dem man aus den Bored Apes neue Apes entstehen lassen kann, die sogenannten Mutant Apes. Der Wert dieser 10 Stück des Mutant-Apes-Serums beläuft sich im Moment auf 282.000 Euro.

Zusätzlich war ich von einem NFT-Experten, der unter dem Pseudonym Gmoney online auftritt, auf die Chromie Squiggles auf-

merksam gemacht worden, ein Beispiel für »Generative Art«, bei der digitale Codes eine Reihe von unterschiedlichen, jeweils individuellen Werken generieren. Die Beratungsstunde bei diesem Experten kostete mich stolze 1000 Dollar. Die drei Chromie Squiggles, die ich für umgerechnet 1560 Euro erstand, sind in diesem Moment 116.000 Euro wert – die Beratung war also jede Gesprächssekunde und jeden Dollar x-fach wert.

Der Experte wies mich übrigens auch auf einen sehr interessanten Künstler hin, Justin Aversano und sein NFT-Foto-Projekt »Twin Flames«. Ich war zögerlich und stieg nicht ein, als man eins dieser Zwillingsporträts noch für weit unter einem Ether bekommen hätte. Später sprang ich dann in voller FOMO (*fear of missing out*, also die Angst, etwas zu verpassen) panisch an Bord und kaufte doch ein Fotokunstwerk. Damals lag der Preis bei stolzen 12 Ether, also gut 20.000 Euro zum damaligen Etherkurs. Heute bekommt man keinen »Twin Flames«-NFT mehr unter 190 Ether, derzeit circa 760.000 Euro.

Warum NFTs sind wie das Internet: Das geht nicht wieder weg!

Daneben kaufte ich immer wieder Werke, die mich interessierten und die den Gütekriterien entsprachen, die ich mir inzwischen erarbeitet hatte. Sie entwickelten sich mal günstig, mal sensationell und eher selten weniger günstig. Insgesamt investierte ich in sechs Monaten rund 300.000 Euro in Kryptokunst. Aktuell besitze ich eine Sammlung, die über 4 Millionen Euro wert ist – wenn ich aktuelle Verkaufspreise und den momentanen Etherkurs zugrunde lege. Ziemlich sicher hat sich das schon wieder geändert, wenn du dieses Buch in den Händen hältst, vielleicht mit weiteren drastischen Wertsteigerungen, vielleicht aber auch mit Einbrüchen. Langfristig wird sich der Markt auch nach einem potenziellen Einbruch jedoch wieder stabilisieren, und einige Investments werden ihren Wert behalten und sogar noch steigern, davon bin ich überzeugt. Das gilt auch deshalb, weil NFTs so viel mehr sind und so viel mehr können als die wenigen Projekte, die ich dir bisher vorgestellt habe. Das geht von einer Vielzahl unterschiedlicher Kunstprojekte über Sammelkarten (etwa Top-Fußballer auf der Plattform Sorare) und den Einsatz von NFTs in Games (*play-to-earn*, das nächste große Ding) bis zu Marketingaktionen und Konzertkarten. Dein nächstes Ed-Sheeran- oder Drake-Online-Ticket könnte ein fälschungssicherer NFT sein, in den eine Lizenzgebühr von 99 Prozent einprogrammiert ist, die beim Verkauf über die Blockchain automatisch an den Veranstalter fließt. Das würde den Ticket-Schwarzmarkt von heute auf morgen uninteressant machen. Das ist ein weiterer Vorteil von NFTs: Sie sind ein digitaler »Smart Contract«, in den, wie oben schon erwähnt, eine Weiterverkaufsgebühr einprogrammiert werden kann, die den Erstverkäufer/-ersteller automatisch an jeder weiteren Transaktion beteiligt. Auf diese Weise wären Digital-Künstler plötzlich mit 2, 5, 10 Prozent oder mehr an Wertsteigerungen ihrer Werke beteiligt, wenn sie ihre Kunst entsprechend veröffentlichen. Davon konnte van Gogh nur träumen, und bis heute wird in der analogen Kunstwelt die Rechnung bei lukrativen Weiterverkäufen ohne den Wirt, pardon, Künstler gemacht. Was sich hier am Horizont abzeichnet, ist die Verschmelzung des NFT- und des DeFi-Marktes, des Bereichs »dezentralisierter Finanzdienstleistungen«. Hierbei handelt es sich um verschiedenste Formen von Finanzdienstleistungen, die sonst Banken abwickeln, wie zum Beispiel Geld zu verleihen. Allerdings werden diese Dienstleistungen jetzt eben dezentralisiert durchgeführt, das heißt ohne eine Bank, demnach auch ohne Personal- und andere Kosten, rein über Rechenoperationen auf der Blockchain. Es liegt auf der Hand, dass NFTs als digitale Echtheitszertifikate hier neue Möglichkeiten eröffnen, wie zum Beispiel, dass man sie als Besicherung für ein Darlehen hinterlegt. Auch im Vertragswesen, in der Werbung, in der Warenlogistik und selbst in der Verwaltung werden NFTs eine immer größere Rolle spielen. Dein nächster Personalausweis könnte ein NFT sein und das Echtheitszertifikat, die sogenannten »Papiere«, deiner Rolex-Uhr sowieso. Die Zahnpasta ist wirklich aus der Tube, will heißen: NFTs gehen nicht mehr weg, nicht nur in der Kunstwelt.

Die NFT-Szene – eine Welt für sich

Falls dir gerade der Kopf schwirrt: Sei beruhigt! Für jeden Neueinsteiger sind NFTs eine neue Welt mit fremden Spielregeln. Mit Abkürzungen, die du noch nicht verstehst. Mit Experten, die du noch nicht einschätzen kannst. Mit technischen Abläufen, die du vielleicht noch nicht ganz durchblickst. Die Betonung liegt immer auf »noch«. Ich bin wahrlich kein Technikfreak. Und wenn ich das alles verstehen kann, kannst du das auch. Dieses Buch wird dein Wegweiser durch die NFT-Welt sein:

- ◆ Ich erkläre dir Grundbegriffe von Blockchain bis Wallet, stelle dir Verkaufsplattformen und Kryptobörsen vor.
- ◆ Ich erkläre dir, wie du Euro in Ether oder andere Kryptowährungen tauschst und wo du diese deponierst, um damit im Anschluss NFTs zu kaufen.
- ◆ Ich gebe dir einen Überblick über die derzeitigen Einsatzmöglichkeiten der NFTs, mit vielen Beispielen, die deine Investoren-Fantasie beflügeln werden.
- ◆ Ich weihe dich ein in die Geheimsprache der NFT-Communitys, wo du bald Sätze wie »*Jfc, TF floor 200 ETH, LFG!*« problemlos verstehen (und schreiben!) wirst.
- ◆ Ich verrate dir die wichtigsten Discords, Twitter-Accounts, Experten und Künstler.
- ◆ Und wenn du dann perfekt eingestimmt bist, gibt es eine Schritt-für-Schritt-Anleitung für deine ersten Investments.

»♦«, das ist übrigens das Symbol für die Kryptowährung Ether. Womit du schon wieder etwas gelernt hast. Und womit auch das Rätsel gelöst ist, warum auf dem lila T-Shirt, das ich in vielen meiner YouTube-Videos zum Thema NFT trage, »so merkwürdige Dreiecke drauf sind«, wie einige User meinten. Schau gern mal rein, du findest meinen YouTube-Kanal mit vielen Zusatzinfos zum Thema NFT problemlos im Netz (https://www.youtube.com/mikehagergeld). Das T-Shirt ist übrigens ein Geschenk eines der renommiertesten NFT-Künstler namens Coldie gewesen, für frühe Sammler-Treue. Auch etwas, was dir in der NFT-Szene immer wieder begegnen wird: enger Kontakt zu Künstlern und damit einhergehend immer wieder teilweise sehr wertvolle Geschenke. Ich glaube, ich habe noch nie in meinem Leben so viel geschenkt bekommen wie im NFT-Bereich. Wir sprechen hier von einigen hunderttausend Euro. Das Shirt ist übrigens ein bisschen zu groß, aber ich gebe bei jeder Mahlzeit alles, um reinzuwachsen.

ACHTUNG: Genauso wenig wie meine Video-Tutorials oder mein Mentoring liefert dieses Buch eine konkrete Anlageberatung. Dazu ist der NFT-Markt zu volatil (sprunghaft, unbeständig, wechselhaft). Und auch wenn er spannende Investments und hohe Gewinnchancen bietet, bleibt er riskant. Was du bekommst, sind Durchblick und Werkzeuge. Entscheiden und handeln darfst du selbst. Kritische Fragen werde ich dabei nicht aussparen, sie werden mir schließlich jeden Tag gestellt. Im Text sind sie durch das bekannte Skeptiker-Icon markiert. Die Antwort gibt mein weiser CryptoPunk. Fangen wir am besten gleich damit an:

»Millionensummen für pixelige Punkköpfe? Was soll daran Kunst sein? Das kann doch nicht gutgehen!«

»Nicht nur der Pokal (im Fußball) hat seine eigenen Gesetze, auch der Kunstmarkt! Beispiel: On Kawara malte ab 1966 über 2000 Datumsbilder nach dem Muster 9JAN, 1973, die im Guggenheim-Museum, New York, im Centre Pompidou, Paris, und in vielen anderen Kunsttempeln weltweit zu sehen sind. Nenn mich also nicht simpel! Ich bin in guter Gesellschaft! Und denk auch immer daran: Oft ist es im NFT-Bereich gar nicht so sehr die Kunst, die einen Wert bestimmt, sondern vielmehr das, was sie darstellt, zum Beispiel die Mitgliedschaft in einem Club. Wenn ein Freund dir die Mitgliedskarte seines teuren Golfclubs zeigt, würdest du auch nicht sagen, dass das doch bloß eine schlecht designte Plastikkarte ist und warum denn bitteschön eine Plastikkarte 20.000 Euro im Jahr kostet.«

Lust auf mehr? Dann lass uns starten. Ich wünsche dir viel Vergnügen und natürlich viele nützliche Aha-Erlebnisse!

Quellen

1 Vgl. https://t3n.de/news/cryptopunks-auktion-christies-nft-17-millionen-1378457/
2 Vgl. https://www.monopol-magazin.de/das-sind-die-teuersten-lebenden-kuenstler?slide=0
3 Vgl. https://de.beincrypto.com/lernen/bored-ape-yacht-club-was-ist-bayc/#h-was-ist-bored-ape-yacht-club-bayc

NFTS – WAS IST DAS? NON-FUNGIBLE TOKENS KURZ ERKLÄRT

Die NFT-Revolution in der Welt der Digitalkunst und die vielfältigen Einsatzmöglichkeiten von NFTs sind dem Datenspeicher der »Blockchain« zu verdanken. Hinter diesem Begriff verbirgt sich das Konzept eines digitalen Systems, das nur sehr schwer gehackt werden kann. Denn ob Pentagon, Pharmakonzern oder Stadtverwaltung – früher oder später schafft es immer irgendwer, da einzubrechen. Die Blockchain verhindert das zum einen durch ein riesiges dezentrales Netz von Rechnern, die gemeinsam die Blockchain »betreiben« (sogenannte »Nodes«, sprich Knoten innerhalb dieses Netzwerks). Dieses Netz kann (anders als ein einzelner Server) kaum gehackt werden. Zum anderen sichert eine besondere Art der Datenverschlüsselung die Blockchain. Aus dieser Verschlüsselung in Form einer Kette (»Chain«) von Datenblöcken, die leicht erkennbar »aneinandergehängt« sind, ergibt sich der Begriff Blockchain.

Infoblock zu Blockchain und Kryptowährungen

Grob kannst du dir so einen Block vorstellen wie eine Seite in einem digitalen Kassenbuch, die lückenlos mit verschlüsselten Informationen beschrieben ist und dadurch alle Transaktionen dokumentiert. Jeder Block ist mit dem vorherigen durch die Wiederholung von Zahlen- und Buchstabenkombinationen am Ende des einen Blocks und am Beginn des nächsten Blocks verkettet. Hacker-Angriffe auf einen einzelnen Rechner oder Node würden im vernetzten System sofort an anderen Netzknoten auffallen. Einzelne Blöcke sind durch die Verkettung mit Nachbarblöcken nicht zu manipulieren, und das Anhängen neuer Blöcke erfordert komplizierte Rechenoperationen. Wer das schaffen will, muss komplexe kryptografische Rätsel lösen und wird bei Erfolg im Falle der Bitcoin-Blockchain mit Bitcoin, der bisher bekanntesten Kryptowährung, belohnt. Informationen auf einer Blockchain können nicht im Nachhinein gelöscht oder überschrieben werden. Dadurch werden sämtliche Vorgänge dort fortlaufend dokumentiert und sind transparent nachzuverfolgen. All das macht dieses System ziemlich sicher. Zudem ist alles nachprüfbar, wie zum Beispiel auch all meine Käufe und Verkäufe, von denen ich erzähle. Volle Transparenz.

Kryptowährungen wie Bitcoin oder Ether existieren also ausschließlich in digitaler Form auf einer Blockchain. Das Erzeugen von Bitcoin durch erfolgreiche Rechenoperationen wird bildhaft als »Mining« (Schürfen) bezeichnet. Weil die Rechner der »Miner« dabei erhebliche Energiemengen verbrauchen, um die kryptografischen Rechenaufgaben zu lösen, steht der Bitcoin immer wieder in der Kritik. Der erste Block der Bitcoin-Blockchain entstand übrigens am 3. Januar 2009. Ein genialer Programmierer mit dem Decknamen Satoshi Nakamoto, dessen wahre Identität bis heute niemand kennt, hat in einem Whitepaper das Prinzip dargelegt, das dann vom

MIT (Massachusetts Institute of Technology) umgesetzt wurde. Es könnte sich bei Nakamoto auch um eine Gruppe oder um eine Frau handeln, was die Computerwelt vermutlich noch mehr erschüttern würde als die Möglichkeit, dass Nakamoto längst verstorben ist und seine Bitcoin-Millionen mit ins Grab genommen hat.[1] *Nobody knows.*

Das Schürfen von Bitcoin durch aufwändige Rechenoperationen wird übrigens als »Proof of Work« bezeichnet, was man frei als »Beglaubigung durch geleistete Arbeit« übersetzen könnte. Wegen des Energieaufwands sucht man inzwischen nach anderen Formen der Beglaubigung. Auf der Ethereum-Blockchain mit der Kryptowährung Ether (ETH) soll dies zukünftig durch einen »Proof of Stake« geschehen. Dabei handelt es sich um einen Anteilsnachweis: Wer Ether in der Ethereum-Blockchain hinterlegt, bekommt nach dem Zufallsprinzip das Recht, neue Blöcke an die Kette zu hängen, wofür er dann als Belohnung weitere Ether erhält. Dass der Ether dem Bitcoin inzwischen ernsthaft Konkurrenz macht, hängt damit zusammen, dass auf der Ethereum-Blockchain mehr Funktionen möglich sind, etwa klassische Finanzdienstleistungsprogramme oder auch digitale Besitznachweise wie eben NFTs. Es ist also kein Zufall, dass sich der Handel mit NFTs bislang fast ausschließlich in Ether und auf der Ethereum-Blockchain abspielt.

Der Wert des digitalen Geldes

Oft wird die Frage gestellt, worin denn eigentlich der Wert von Kryptowährungen besteht. Wie jede Währung leben auch Bitcoin, Ether und Co. vom Vertrauen derjenigen, die sie besitzen und benutzen. Auch ein 100-Euro-Schein als Stück Papier hat ja kaum einen inneren Wert an sich. Das Vertrauen in den Bitcoin wird dadurch gerechtfertigt, dass das System seit seiner Erfindung stabil läuft wie ein Schweizer Uhrwerk, ohne jemals gehackt worden zu sein. Überdies können Bitcoin- oder Ether-Besitzer von jedem Ort auf der Welt aus auf ihr Kryptogeld zugreifen, ohne dass Banken oder auch staatliche Institutionen darauf Zugriff haben. Ein Bitcoin-Konto (beziehungsweise eine digitale Geldbörse oder »Wallet«) lässt sich nicht einfach von Dritten sperren. Kleine Einschränkung: Zugriff auf sein Kryptogeld hat man natürlich nur dort, wo es Internet gibt – aber das ist inzwischen sogar auf dem Mount Everest der Fall, noch dazu in 5G-Qualität.[2] Ich bin mir nur nicht sicher, ob Sherpas auch Ether oder Bitcoin akzeptieren ...

»Keine staatliche Kontrolle? Ist das Kryptogeld damit nicht die ideale Währung für Kriminelle und Terroristen?!«

»2020 flossen 0,34 Prozent aller Krypo-Transaktionen in illegale Kanäle, hat das Analyseportal Chainalysis errechnet.[3] Wie viel Prozent aller Dollar- oder Euro-Transaktionen wohl dunklen Zwecken dienten? Ich vermute, der Anteil ist erheblich größer. Und wir schaffen ja auch nicht das Auto ab, weil sich manche nicht an die Verkehrsregeln halten.«

Wie sehr digitales Geld sich inzwischen etabliert hat, zeigt auch seine Verbreitung. Im Oktober 2021 gab es weltweit 6.690 verschiedene Kryptowährungen.[4] Sie sind der Schlüssel zu dezentralisierten Finanzdienstleistungen, kurz DeFi, die ohne Institutionen wie Banken oder Versicherungen rein über Rechenoperationen im Netz ablaufen. Das hat viele Vorteile, kann aber auch nach hinten losgehen, wenn Nutzer ihren Zugangsschlüssel verlegen. Legendär ist der Fall des Programmierers Stefan Thomas, der das Password zu seinem Bitcoin-Konto verlor und nun nicht mehr an einen in Euro umgerechnet dreistelligen Millionenbetrag herankommt. Er ist kein Einzelfall. Angeblich sind auf diese Weise Milliardenbeträge in Kryptowährungen für immer verloren.[5] Ich sage ja immer, »Geld ist nicht weg, es ist nur bei jemand anderem«. In diesen Fällen ist das Geld aber dann tatsächlich weg.

Auch wenn Kryptowährungen ursprünglich als Zahlungsmittel gedacht waren, haben sie sich inzwischen zu einem spekulativen Investment entwickelt. Ob Ether oder Bitcoin, der Kurs gleicht einer zackigen Hochgebirgslandschaft mit steilen Anstiegen. Während ich dies schreibe (am 2. November 2021), steht der Ether bei rund 3.700 Euro. Am 2. November 2015 war er noch für knapp 90 zu haben. 90 Cent, nicht 90 Euro. Und vor nur einem Jahr war Ether noch bei 329 Euro! Der Bitcoin steht aktuell bei über 50.000 Euro. 2013 waren es weniger als 90 Euro. Da bin ich wirklich froh darüber, beim Bitcoin-Kurs von 3.000 Euro wieder eingestiegen zu sein …

Der Ether-Kurs entwickelte sich bisher auch wegen der zahlreichen Anwendungsmöglichkeiten so positiv. Zur Wahrheit gehört aber auch: Je zahlreicher und je vielfältiger die Programme sind, die auf der Ethereum-Blockchain verankert werden, desto größer wird die Gefahr, dass ein Programmierer eines Tages fehlerhaft arbeitet und sich dadurch doch ein Schlupfloch für Hacker eröffnet. Und anders als bei klassischen Banken gibt es auf der Blockchain keine Einlagensicherung bis 100.000 Euro. Was weg ist, ist weg. In diesem Fall ist es aber dann doch wieder bei jemand anderem.

Damit ist klar, dass NFTs – zu denen ich jetzt komme – in doppelter Hinsicht ein spekulatives und damit hochriskantes Investment sind. Der Preis eines Kunstwerkes kann extrem schwanken (und sich auch gen null entwickeln), denn er wird bestimmt durch die Nachfrage am (volatilen) Kunstmarkt. Anders als beim Aktienmarkt, der ebenfalls von Emotionen und subjektiven Einschätzungen beeinflusst wird, fließen im Kunstbereich keine »objektiven« Daten wie Umsatzzahlen, Erschließung neuer Märkte oder vielversprechende neue Produkte in die Bewertung ein. Aber auch hier gibt es natürlich Faustregeln, die ich dir in diesem Buch vermitteln werde. Gleichzeitig schwankt auch der Kurs der Kryptowährung (meist Ether), in der das Werk bezahlt wird. Beide Faktoren, Werkeinschätzung und Etherkurs, können sich gegenseitig beeinflussen, etwa wenn nach einem Kursanstieg des Ether plötzlich besonders viele NFTs eines Künstlers zum Verkauf stünden und dadurch die Preise für das Einzelwerk sänken. Den aktuellen Kurs vieler Kryptowährungen sowie ihre Entwicklung seit der Ausgabe kannst du übrigens tagesaktuell im Netz unter Coinmarketcap.com nachschauen. Und falls du Euro in eine Kryptowährung umtauschen möchtest: Dafür gibt es im Netz verschiedene Börsen, die ich dir später noch vorstelle.

NFTs als digitaler Eigentumsnachweis

Alle Transaktionen auf einer Blockchain sind öffentlich einsehbar. Das gilt auch für An- und Verkäufe von NFTs, die auf einschlägigen Marktplätzen wie OpenSea verfolgt werden können. Wie genau, das erkläre ich im Kapitel »In NFTs investieren – wie geht das ganz praktisch?«. Womit wir beim eigentlichen Thema wären. Die Abkürzung NFT steht wie schon erwähnt für »Non-Fungible Token«, also für ein »nicht fungibles« (nicht austauschbares) Wirtschaftsgut. Während beispielsweise ein 50-Euro-Schein problemlos gegen fünf Zehner oder zehn Fünfer eingetauscht werden kann und damit fungibel ist, sind alle Formen von Unikaten nicht fungibel. Ein Haus kann nicht einfach gegen ein anderes Haus getauscht werden oder ein Picasso gegen zwei Monets. Der Clou: NFTs als fälschungssichere digitale Eigentumszertifikate auf der Blockchain ermöglichen digitale Unikate. Das löst ein zentrales Problem in der Digitalkunst, denn wie soll man ein Werk (z. B. ein Bild, Foto, Video) schützen und bewerten, das im Netz unendlich oft heruntergeladen, kopiert und verbreitet werden kann? Erst ein NFT als digitale Besitzurkunde lässt keinen Zweifel daran, was das Original ist und wem es gehört. Natürlich hindert dich niemand daran, Screenshots von den Kunstwerken in meiner digitalen Sammlung zu machen und diese ausgedruckt über deine Wohnzimmercouch zu hängen. Dennoch ist auf der Blockchain per NFT eindeutig vermerkt, wer der eigentliche Besitzer ist (nämlich beispielsweise ich). Meine Sammlung findest du übrigens in zwei meiner Wallets, auf der NFT-Verkaufsplattform

OpenSea. Eine heißt »Warrenhimself« und die andere heißt »Warrenvault«.

> »Was hat es für einen Sinn, das NFT eines Werks zu besitzen, wenn dieses Werk auch weiterhin im Netz verfügbar ist und beliebig oft heruntergeladen werden kann?«

> »Es ist ein Unterschied, sich ein Abbild oder eine Kopie eines Werks zu besorgen oder dieses Werk tatsächlich zu besitzen. Jedes Jahr schauen sich ungefähr sechs Millionen Besucher im Louvre die Mona Lisa an. Ich schätze, 5.999.995 davon machen ein Foto (drei haben ihr Handy im Hotel liegen lassen, bei zweien ist ärgerlicherweise der Akku leer). Doch keiner der Fotografierenden glaubt danach, die Mona Lisa zu besitzen. Falls doch, wäre es Zeit für einen Besuch beim Therapeuten. Auch wenn du den Vergleich vermessen findest, ist es bei den CryptoPunks oder bei den Bored Apes nicht anders als bei der Mona Lisa. Dass du dir eine digitale Kopie ziehen kannst, macht dich noch nicht zu ihrem Besitzer.«

»Right-click and save as« ist übrigens ein geflügeltes Wort in der NFT-Szene, mit dem man sich über die sogenannten Normies lustig macht, die der Meinung sind, es wäre doch bescheuert, ein digitales Bild zu kaufen, das man auch mit der rechten Maustaste klicken und mit »speichern unter« auf dem eigenen Rechner ablegen kann. Einer der wichtigsten NFT-Künstler, XCOPY, hat sogar eines seiner bekanntesten Bilder so genannt, ein im typischen XCOPY-Stil gehaltenes »Porträt« namens »Right-click and save as guy«. Letzter Verkaufspreis: 99 Ether vor 9 Monaten. Heute ist das Werk ein Vielfaches davon wert.[6]

Jede Datei kann ein NFT werden

Im Prinzip kann jede digitale Datei in ein NFT verwandelt werden: Bilder, Grafiken, Fotos, Video- und Audiodateien, Texte, 3D-Modelle. Hohe Preise erzielen dabei regelmäßig Inhalte, hinter denen eine besondere Geschichte steht. Beispiele:

- Der erste Tweet des Twitter-Gründers Jack Dorsey »Ich richte gerade meinen Twitr ein«, geschrieben am 21. März 2006, wurde im März 2021 für 2,9 Millionen US-Dollar versteigert.
- Die bekannte »Nyan Cat«, die pixelartige Zeichnung einer Katze, die einen Regenbogen hinter sich herzieht, ist schon seit 2011 ein Hit im Internet und wird nach wie vor dort verbreitet. 2021 war sie einem Käufer 300 Ether (zum damaligen Kurs circa 600.000 US-Dollar) wert.
- Immerhin 340.000 Euro brachte ein unter dem Titel »Disaster Girl« im Internet kursierendes Foto (»Meme«). Es zeigt ein süffisant in die Kamera lächelndes vierjähriges Mädchen, im Hintergrund ein brennendes Haus. Seit über 15 Jahren wird die Aufnahme im Netz immer wieder gepostet, wenn irgendwo eine Katastrophe passiert.

Was du an diesen Beispielen ablesen kannst: Nicht das Werk allein, sondern auch dessen Bekanntheit und nicht zuletzt die Story dazu bestimmt den Wert digitaler Kunst. Wären sie nicht die Ersten ihrer Art (einer Serie von NFT-Profile-Pictures), wären die CryptoPunks vermutlich nicht so wertvoll. Und stünde nicht ein erst zwölfjähriger Programmierer namens Benyamin Ahmed hinter 3.000 Pixel-Bildern der »Weird Whales« (seltsame Wale) wären diese kaum so gehypt worden. Im August 2021 nahm Benyamin durch Verkauf und eine Beteiligung von 2,5 Prozent an jedem Weiterverkauf umgerechnet 300.000 Euro ein, die er weitsichtig »erst einmal in Ether behalten« will. Im Übrigen hofft er darauf, »irgendwann so erfolgreich [zu] sein wie Jeff Bezos oder Elon Musk.«[7] Kaum auszudenken, wie wertvoll seine Wale sein werden, wenn ihm das eines Tages tatsächlich gelingen sollte. Fun fact: Beeple selbst hat einen großen Teil seines 69-Millionen-Verkaufs, für den er in Ether bezahlt wurde, in Dollar gewechselt. Etwas, wofür er in der Community bei steilen Ether-Anstiegen immer wieder lustvoll verhöhnt wird.

Warum sind NFTs so revolutionär?

NFTs sind also deswegen so revolutionär, weil sie in einer digitalen Kunstwelt mit ihren Möglichkeiten des Kopierens und Downloadens plötzlich Unikate mit Besitzanspruch ermöglichen (oder auch limitierte und durchnummerierte Editionen wie in der traditionellen Kunst). Verknappung steigert in der Regel den Wert eines Gegenstandes, und Einzigartigkeit kann ihn in große Höhen katapultieren. Das ist bei Kunst nicht anders als bei limitierten Designerhandtaschen oder besonders seltenen Sneakern. Hätte da Vinci sein Leben lang nichts anderes getan, als immer wieder die Mona Lisa zu malen, und gäbe es auf der Welt Hunderte davon, wäre jedes einzelne Bild für weniger Geld zu haben als das unschätzbar wertvolle, weil einzigartige Porträt der unergründlich lächelnden Dame im Louvre. Und noch ein weiteres Problem der Kunstwelt wird durch NFTs gelöst: das der »Provenienz« oder Herkunft. Rund 40 Prozent aller Kunstwerke sind Fälschungen, schätzen Experten.[8] Solche Fakes hängen in Museen, werden von renommierten Auktionshäusern versteigert und erfreuen in gut gesicherten Privatsammlungen ihre schwerreichen Käufer. Wahrscheinlich hast auch du schon andächtig vor einem »echten« Vermeer, Monet, Günther Uecker oder Sigmar Polke gestanden, der in Wahrheit nur genial gefälscht war. Ein Heer von Experten versucht, mit Infrarotlicht, Röntgenaufnahmen, Farbanalysen und anderen Methoden mehr oder weniger erfolgreich, Fälschern auf die Schliche zu kommen. Bei etlichen Werken, die Leonardo da Vinci zugeschrieben werden, debattiert man bis heute, ob der Meister sie nun selbst gemalt hat oder nicht. Hätte da Vinci seine Werke an ein NFT gekoppelt und digital veröffentlicht, wären wir diese Sorge los. Bei seiner Mona Lisa ist man sich allerdings sicher: Die ist echt! Und zeigt nebenbei auch, dass in der Kunstwelt Geschichten nicht erst seit den CryptoPunks, sondern schon immer eine wichtige Rolle spielen. Bis heute rätselt man etwa darüber, wer die Schöne eigentlich war. Und endgültig weltberühmt wurde das Werk erst durch eine Räuberpistole: 1911 verschwand es aus dem Louvre, und zeitweise stand sogar Picasso im Verdacht, an diesem Diebstahl beteiligt gewesen zu sein.

Und noch in einer dritten Hinsicht stellen NFTs den Kunstmarkt auf den Kopf. Normalerweise sind Künstler auf Vermittler angewiesen, die sie bekannt machen und ihre Werke verkaufen: Museen, Galeristen, Kunsthändler. NFTs dagegen lassen sich über das Netz problemlos von den Urhebern selbst veräußern, ohne dass sie Dritten zum Teil beträchtliche Provisionen zahlen müssen. Sogar am Weiterverkauf der Werke können Künstler beteiligt sein, wie du ja inzwischen weißt, denn ein NFT lässt sich so programmieren, dass bei jedem Verkauf ein bestimmter Prozentsatz der Kaufsumme auf elektronischem Weg automatisch an den Schöpfer fließt. NFTs sind nicht einfach nur statische digitale Urkunden. Als Smart Contracts nach dem Muster »if → then« (wenn x eintritt, dann ist y die Folge) erlauben sie Plattformen, auf denen NFTs weiterverkauft werden, Zusatzfunktionen einzurichten, wie eben die automatische Beteiligung beim Weiterverkauf. Solche Zusatzfunktionen erweitern die potenziellen Einsatzmöglichkeiten von NFTs in anderen Bereichen wie Gaming, Marketing, Finanz- und Versicherungsdienstleistungen, Ticketverkauf usw. So könnte ein NFT einem bestimmten Gegenstand in einem Computerspiel besondere Zauberkräfte verleihen. Der NFT zu einem Bild könnte gleichzeitig als Eintrittskarte zu einem exklusiven Event fungieren, was er heute im Übrigen auch schon tut, wie zum Beispiel bei den Veefriends von Gary Vaynerchuck, die eine Eintrittskarte für sein Event »Veecon« darstellen.

Ein NFT könnte seinem Besitzer persönlichen Zutritt zu freischalt-
baren Zusatzinhalten (Bildern, Filmausschnitten, Websites, Spielen)
verschaffen, was im Englischen als »unlockable content« bezeichnet
wird. Die Möglichkeiten sind zahlreich, wie du im nächsten Kapitel
lesen wirst. Solche attraktiven »Utilities« tragen dazu bei, dass der
Markt förmlich explodiert. Betrug der Gesamtumsatz mit NFTs im
ersten Halbjahr 2020 noch 13,7 Millionen US-Dollar, waren es ein
Jahr später, im 1. Halbjahr 2021, schon 2,5 Milliarden US-Dollar,
also fast zweihundertmal so viel.[9] Wie gesagt: NFTs durchdringen
unser Leben rasant. Sie sind gekommen, um zu bleiben.

Quellen

1   Thomas Klemm/Dennis Kremer, »Die klugen Köpfe der Kryptowelt«, Frankfurter Allgemeine Sonntagszeitung vom 24.10.2021, S. 27.

2   www.t-online.de/digital/id_87807318/mount-everest-auf-dem-hoechsten-berg-der-welt-gibt-es-jetzt-5g-empfang.html

3   https://www.wiwo.de/finanzen/boerse/geldwaesche-mit-kryptowaehrungen-der-bitcoin-bleibt-schmutzig/27147874.html

4   https://de.statista.com/statistik/daten/studie/1018542/umfrage/anzahl-unterschiedlicher-kryptowaehrungen/

5   https://www.computerbild.de/artikel/cb-News-Finanzen-Deutscher-vergisst-Passwort-220-Millionen-US-Dollar-Verlust-29640309.html]

6   Vgl. https://superrare.com/artwork/right-click-and-save-as-guy-1154<<

7   https://www.stern.de/digital/online/nft-hype--zwoelfjaehriger-nimmt-kunstsammler-aus---300-000-euro-fuer-digitale-walbilder-30689502.html

8   https://www.planet-wissen.de/gesellschaft/verbrechen/tatort_kunst/pwiemethodenzurerkennungvonfaelschungen100.html

9   https://t3n.de/news/nft-ueberblick-infografik-1413445/

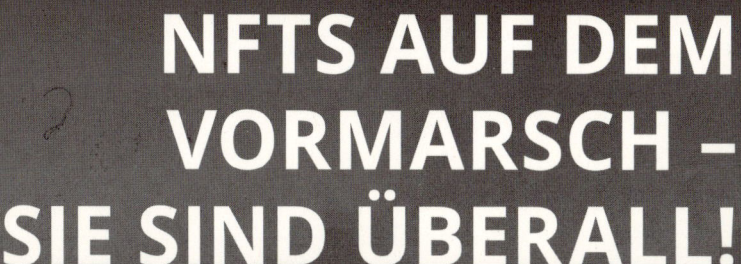

NFTS AUF DEM VORMARSCH – SIE SIND ÜBERALL!

———— An NFTs scheiden sich (noch) die Geister. »Interessante Anlage oder Dummheit?«, fragte beispielsweise die *Frankfurter Allgemeine Zeitung* im August 2021. Zitiert wurde der Experte einer traditionellen Bank, der sich »sicher« zeigte, dass NFTs eine Blase seien, die platzen werde.[1] Hype, Blase, Dummheit, solche Urteile hört man häufig. Ich dagegen bin überzeugt, dass den NFTs die Zukunft gehört und dass dem Bankexperten seine Aussage noch lange leidtun wird. Schon oft haben Experten sich gründlich geirrt. Der Autopionier Gottlieb Wilhelm Daimler sagte voraus: »Die weltweite Nachfrage nach Kraftfahrzeugen wird eine Million nicht überschreiten – allein schon aus Mangel an verfügbaren Chauffeuren.« Und IBM-Chef Thomas Watson lag ziemlich daneben, als er »einen Weltmarkt für vielleicht fünf Computer« unterstellte.[2] Außerdem lösen NFTs echte Probleme und stiften echten Nutzen, wie sich am Beispiel der digitalen Kunstszene zeigen lässt. Ein Produkt, das Nutzen stiftet, hat normalerweise eine Zukunft. Dieser Nutzen beschränkt sich nicht auf die Kunstwelt, wie ich in diesem Kapitel zeigen möchte. NFTs sind bereits überall, und sie werden weitere Bereiche unseres Lebens erobern. Morgen, spätestens übermorgen werden sie für viele Menschen so normal sein wie heute das Internet, die E-Mail oder das Smartphone. Heute kann sich kaum einer unter 50 Jahren vorstellen, wie es früher ohne ging. Und je normaler NFTs werden, desto mehr werden sie sich auch als Investment etablieren.

Ein Milliardengeschäft: NFTs für Gamer

2020 setzte die Gaming-Branche in Deutschland rund 8,5 Milliarden Euro um. Etwa 2,3 Milliarden davon entfielen auf sogenannte In-Game-Käufe, also individuelles Zubehör (wie Kostüme) oder Zusatzfunktionen im Spiel. Das Branchenportal »Gameswirtschaft« rechnet damit, dass dieser Zubehör-Markt hierzulande schon sehr bald mehr Umsatz erwirtschaften könnte als die 1. Fußball-Bundesliga (3,8 Milliarden Umsatz).[3] Egal, ob sie World-of-Warcraft- oder Call-of-Duty-Fans sind: Gamer haben naturgemäß wenig Berührungsängste mit digitalen Welten. Auch mit Kryptowährungen sind sie vielfach schon vertraut. Weltweit soll es rund drei Milliarden begeisterte Spieler geben, mit anderen Worten: ein Riesenmarkt, wie geschaffen für den Einsatz von NFTs.[4] Wenn beispielsweise Kleidung, Werkzeuge, Grundstücke, Fähigkeiten und andere In-Game-Produkte in diesen Spielen als NFTs programmiert sind, können Spieler sie auch im echten Leben besitzen, sammeln und weiterverkaufen. Und das endlich auch außerhalb des Universums des speziellen Spiels, in dem sie diese Dinge gekauft haben. Das löst im Gaming-Bereich ein großes Problem, indem es digitalen Gütern Nachhaltigkeit verleiht. Es spielt keine Rolle mehr, ob die Spielefirma Pleite geht, wenn ich die Ritterrüstung in einem anderen Spiel genauso verwenden kann dadurch, dass sie ein NFT ist. Etliche Spiele lassen das bereits zu, darunter Minecraft mit rund 126 Millionen monatlich aktiven Spielern.[5] Auf In-Game-Marktplätzen wechseln Tools zum Teil für sechsstellige Summen den Besitzer.[6] NFTs eröffnen außerdem die Möglichkeit, Geld mit Gaming zu verdienen, indem im Spiel eroberte oder gefundene NFT-Gegenstände an Sammler oder andere Spieler verkauft werden oder Kryptowährungen verdient werden. Play-to-earn nennt sich das dann. Besonders prädestiniert dafür sind etwa CryptoKitties (2017) oder Axie Infinity (2018) das derzeit bekannteste Blockchain-Computerspiel, aber auch Online-Poker wird schon fröhlich mit NFTs gespielt und Menschen verdienen sich so teilweise ihren Lebensunterhalt.

Bei CryptoKitties kann der Spieler digitale Katzen in seinem Besitz mit anderen Katzen paaren und dadurch neue ins Leben rufen. Der Wert der Katzen nimmt dabei mit der Generationenfolge ab. Tiere der ersten Generationen sind rar und daher besonders wertvoll – im Frühjahr 2021 wurden sie zu Preisen von bis zu 1 Million US-Dollar angeboten. Auch bestimmte besondere Merkmale, die sich durch Kreuzungen ergeben, können den Preis einer Katze in die Höhe treiben, wobei das Paaren einer Katze natürlich bezahlt werden muss wie auf dem analogen Viehmarkt der Service eines Zuchtbullen. Klingt für Nicht-Gamer alles ziemlich verrückt, ist aber ein echter Hype und war sogar der *Wirtschaftswoche* einen Bericht wert.[7] Axie Infinity ist inzwischen das meistgespielte Blockchain-Spiel und wurde 2020 zum »Blockchain Game of the Year« gekürt. Darin können »Axies«, kugelfischähnliche virtuelle Wesen im NFT-Format, gekauft, aufgezogen, verkauft oder auch an andere Spieler vermietet werden über einen ins Spiel integrierten Marktplatz. Außerdem können Spieler ihre Axies gegeneinander antreten lassen und so eine Kryptowährung namens SLP gewinnen. Auf diese Weise werden Millionenumsätze erzielt.[8] In Schwellenländern wie den Philippinen gilt »Play-to-earn« inzwischen als ernsthafte Berufsperspektive, was das *Handelsblatt* im Oktober 2021 zu der Headline »Spielen statt Arbeiten« veranlasste. An diesem Punkt hatte ich am Anfang ein ziemliches Unbehagen. Das System, dass reiche »Westler« ihre teuer gekauften NFTs vermieten und andere für sich arbeiten lassen, schien mir ethisch fragwürdig. Ein einziges Projekt änderte das allerdings schlagartig.

Als ich im September 2021 das erste Mal davon hörte, dass es sogenanntes »Free Play-to-earn« Online-Poker geben sollte, war ich sehr daran interessiert. Ich hatte selbst früher mal ein paar Monate ausgiebig Online-Poker gespielt. Daher weiß ich, dass die Community riesig ist. Decentralgames heißt der Anbieter, der ein Stückchen

Land in einer virtuellen Welt namens »Decentraland« gekauft und dort ein Casino »errichtet« hat. Decentralgames ist eine DAO, das ist eine »Dezentralisierte Autonome Organisation«. Du kannst dir das vorstellen wie einen Getränkeautomaten, der alles vollautomatisch selbst macht – den Lieferanten anrufen (»Befüll mich!«), den Wartungsdienst anrufen (»Mach eine Wartung!«) usw. Die Einnahmen überweist er ebenso automatisch an eine Wallet, ein digitales Bankkonto auf der Blockchain. Ein sogenanntes Protokoll auf der Blockchain ist wie dieser Getränkeautomat. Einmal installiert, läuft alles automatisiert. An einem so programmierten Projekt kann man sich beteiligen über einen »Governance Token«, das ist der »regierende« Token, der das Protokoll über Mehrheitsentscheidungen der Tokenbesitzer steuert. Auf diesem Weg lassen sich auch die schon programmierten Automatisierungen verändern, also umprogrammieren. Alle Tokenbesitzer können daher mitbestimmen. Ähnlich wie man sich über eine Aktie an einem Unternehmen beteiligt, kann man sich so an der Decentralgames-DAO beteiligen, über den Kauf einer Kryptowährung namens DG. Man ist sozusagen Teilhaber des Casinos.

Decentralgames hat nun vor kurzem 500 NFTs veröffentlicht. Sie nennen diese NFTs »Wearables«, also Kleidungsstücke. Ein Pokerspieler, der so ein Kleidungsstück besitzt, bekommt jeden Tag ein paar tausend kostenlose Pokerchips, kann dann spielen und dabei sogenannte Challenges erfüllen. 4 Pärchen bekommen, ein Full House, 3 Mal »eine Hand gewinnen« oder Ähnliches. Für diese Challenges gibt es den ICE-Token, eine Kryptowährung, die Stand heute bei 0,15 Euro steht. Geld verlieren kann der Spieler übrigens nicht. Wenn die Chips weg sind, sind sie eben weg. Im Schnitt kommt ein Spieler auf 250 bis 500 ICE-Tokens pro Spieltag, also umgerechnet circa 37,50 bis 75 Euro. Wenn du jetzt sagst, »Ich bin doch kein Spieler und zocke hier stundenlang am Pokertisch«, dann sei beruhigt, das musst du nicht. Decentralgames hat ein sehr erfolgreiches Konzept von Axie Infinity für sich adaptiert. Dort kannst du ein Axie kaufen und an einen Spieler vermieten. Die Einnahmen werden vollautomatisch zwischen Axie-Eigentümer und Spieler aufgeteilt. Genauso ist es beim ICE-Poker von Decentralgames. Ich als der, der das Wearable-NFT besitzt, überlasse es einem Spieler. Der Spieler bekommt dann 70 Prozent der ICE-Tokens, die er erspielt, ich bekomme 30 Prozent – vollautomatisch, auf der Blockchain (»trustless«, also ohne, dass einer dem anderen vertrauen muss, dass er seinen Anteil auch wirklich bekommt). Nun haben also einige meiner Mentoring-Teilnehmer und auch ich Wearable-NFTs für 370 Euro pro Stück gekauft. Ein paar Tage später war der Preis am Zweitmarkt bei 10.000 Euro pro Stück, jetzt bewegen wir uns regelmäßig zwischen 6.000 und 7.000 Euro. Das wäre schon ein beeindruckender Gewinn gewesen. Richtig Spaß machen allerdings die täglichen Einnahmen, die man mit jedem NFT generieren kann. Diese belaufen sich im Schnitt auf 15 Euro pro NFT, teilweise auch bedeutend mehr. 450 Euro Monatseinkommen also mit einem Investment von 370 Euro. Um solche Einnahmen, beispielsweise durch Miete, zu erzielen, musste ich früher in München eine Wohnung für 200.000 Euro kaufen.

»Wie soll das gehen? Ich spiele umsonst und bekomme auch noch Geld dafür? Wie finanziert das Casino das denn?«

 »Der ICE Token ist eine virtuelle Währung, die Decentralgames einfach so ›aus dem Nichts‹ erschafft. Das kostet praktisch nichts. Allerdings sind Menschen bereit, dafür Geld zu bezahlen, Upgrades bei ihren Wearables zu machen, die ab 5.000 ICE kosten. Wenn du auf dem Zweitmarkt ein Wearable kaufst, brauchst du darüber hinaus 0,5 DG Token, um es zu aktivieren. Und natürlich spielen im Decentralgames-Casino viele Spieler am Roulettetisch oder Black Jack mit ›echtem‹ Geld, das in die Kasse von Decentralgames fließt, in die Treasury (Schatzkammer) des DAOs, an der übrigens jeder DG-Token-Holder anteilig beteiligt ist.«

Und wenn du jetzt skeptisch bist, ob das alles ethisch vertretbar ist, erzähle ich dir die Geschichte eines »meiner« Spieler. Ein junger Argentinier, der mich über Discord angeschrieben hat, ob er mit einem meiner Wearables pokern dürfe. Ich habe seine Wallet-Adresse bei meinem NFT eingetragen, die Verteilung ist vorgegeben auf 70/30, und schon ging's los. Seitdem verdient dieser Student an einem Tag mehr als zuvor in einer Woche in seinem Nebenjob. Er studiert Musikproduktion und bezahlt von den Pokereinnahmen inzwischen sein Studium, richtet sich ein Studio ein und unterstützt seine Mutter. Für mich fühlt es sich an wie eine mehrfache Win-win-Situation, an der nichts auszusetzen ist.

Direktkontakt zur Fanbase: NFTs in der Musik- und Filmbranche

Ähnlich wie in der Kunstbranche bieten NFTs auch Musikern die Chance, direkt in Kontakt zu ihrem Publikum zu treten und Songs, Alben, Konzertkarten und zusätzliche »Utilities« (etwa exklusive Konzerte oder ein Meet and Greet) zu vermarkten. So verkaufte die Rockband Kings of Leon im Frühjahr 2021 besondere Editionen ihres Albums auf der Plattform OpenSea. Unter dem Slogan »NFT Yourself« boten die Musiker drei verschiedene Editionen an. Die preisgünstigste Edition umfasste neben dem Download des Albums eine Vinyl-Schallplatte sowie ein besonderes digitales Cover. Zeitlich limitierte teurere Editionen umfassten unter anderem VIP-Eintrittskarten und Limousinenservice zum Konzert.[9]

Noch ausgefuchster ist die Business-Strategie, die sich hinter »EulerBeats« verbirgt. Die Beats umfassen 27 Musikstücke unter dem Titel »Genesis LPs«, die auf der Basis einer mathematischen Funktion von Leonhard Euler, einem berühmten Mathematiker des 18. Jahrhunderts, generiert wurden und optisch von einer sich drehenden

Vinylplatte mit farbigen Codes begleitet werden. Jedes der Musikstücke umfasst eine Original-LP und maximal 120 Nachdrucke, wobei eine exponentielle Preisentwicklung (eine sogenannte »bonding curve«) einprogrammiert ist und jeder folgende Druck teurer ist als der vorige. Druck 120 kostet daher erheblich mehr als Druck 1. Außerdem sind für jeden Weiterverkauf Lizenzgebühren von 10 Prozent einprogrammiert, von denen 2 Prozent an das Euler-Team und 8 Prozent an den ursprünglichen Original-LP-Besitzer gehen. Und als sei das alles noch nicht genug, können Besitzer ihre LP jederzeit verbrennen und erhalten aus einem »burn fund« 90 Prozent des aktuellen Verkaufspreises erstattet. Das ermöglicht sofortige Liquidität in einem teilweise nicht sehr liquiden Markt. Du erkennst sofort, dass hier ausgefuchste Marketingstrategen am Werk waren, die potenzielle Käufer animieren wollen, möglichst früh in ein Projekt mit überschaubarem Risiko einzusteigen, das noch dazu cool und besonders wirkt. Und weil das so gut funktionierte, bereitete das Projektteam sofort das Folgeprojekt »Enigma« vor und ließ sich für die »zweite LP-Seite« etwas Spannendes einfallen.[10] Man kann, wenn man beide Seiten einer LP-Nummer besitzt, diese »staken«, also im Protokoll als Pfand hinterlegen, und verdient so Geld. Ich habe das, wie immer, natürlich sofort gemacht und so passiv in den letzten Monaten 0,241 Ether (und damit umgerechnet bis jetzt knapp 1.000 Euro) verdient.

Crowdfunding zur Vorfinanzierung eines Albums, exklusive Songaufnahmen, unvergessliche Konzertmomente im Video, Sondereditionen von Musikstücken, Konzertkarten mit Erste-Reihe-Garantie, Zugang zum Backstagebereich oder zur Aftershow Party – all das können Musiker ihren Fans zukünftig über NFTs direkt anbieten, ohne von Agenturen oder Plattenfirmen abhängig zu sein. Zugleich lassen sich – wie bei Bildern auch – Lizenzgebühren in jeden weiteren Verkauf einprogrammieren. Auf diese Weise fließt automatisch Geld in die Wallets der Urheber, ohne umständliche und langwierige Verfahren des Gebühreneinzugs. Songtexte und Noten könnten zudem als NFT hochgeladen und auf diese Weise geschützt werden. Besonders interessant ist hier eine Aktion des deutschen Rappers Kool Savas. Er digitalisierte das Original-Text-blatt seines Songs »King of Rap« als NFT. Das Original verbrannte er danach und ließ seine Community daran per Video auf Instagram teilhaben. Diesen NFT versteigerte er dann. 30.000 Euro ließ sich das ein Investor kosten und verkaufte den NFT wiederum 24 Stunden später für 150.000 Euro weiter. Natürlich verdiente auch Kool Savas daran durch den Smart Contract mit.[11]

All die Ideen, die Musiker für die eigene Vermarktung entwickelt haben, lassen sich auch auf Film und Fernsehen übertragen. »Stoner Cats« ist eine US-Zeichentrickserie für Erwachsene, die nur sehen kann, wer ein entsprechendes NFT erstanden hat. Die insgesamt 10.420 NFTs für die erste Folge waren im Juli 2020 binnen 35 Minuten ausverkauft, und zwar zum Preis von 0,35 Ether (damals knapp 700 Euro). Für Aufsehen sorgten dabei Gas Fees. Gas Fees sind die Transaktionsgebühren im Ethereum Netzwerk, die dafür fällig werden, dass die Miner die Blöcke auf der Blockchain bestätigen. Das zugrunde liegende Prinzip des »Proof of Work« habe ich oben beschrieben. Manchmal passiert es, dass Transaktionen, wie zum Beispiel eine Kauftransaktion, nicht »durchgehen«. Was steckt dahinter? Bei jeder Transaktion können die Gas Fees manuell angepasst werden. Du kannst dir das vorstellen wie ein extra Trinkgeld für den Miner, englisch »Tip«. Wer jetzt beim Kaufvorgang eines NFTs in der MetaMask diesen Tip (die »Max priority fee«) hoch einstellt, kommt beim Kaufvorgang früher dran als ein anderer, der denselben NFT kaufen möchte. Wer weniger Gas Fee eingestellt hat, hat dann das Nachsehen in Form einer *failed transaction,* die zwei Mal weh tut: Man hat den NFT nicht bekommen und muss trotzdem die angefallenen Gas Fees bezahlen. Autsch! Bei den »Stoner Cats« war die Nachfrage so hoch, dass viele die Gas Fees immer weiter hochdrehten, wodurch Kaufwillige alles in allem durch solche *failed transactions* 790.000 US-Dollar verloren.[12] Gas Fees und *failed transactions* sind Schattenseiten des NFT-Bereichs. Dennoch: Die Serie ist Kult. Sprecher der Katzen sind unter anderem Ashton Kutcher und Vitalik Buterin, der Erfinder der Ethereum-Blockchain. Mit

Fortschreiten der Serie werden neue NFTs ausgegeben. Sehen kann man aber nur Folgen, zu deren Erstausstrahlung man ein damals herausgegebenes NFT besitzt. Du ahnst es schon: Das eröffnet einen florierenden Markt für »alte« NFTs, die teilweise über 4 Ether kosteten, wie die Zeitschrift *Business Punk* berichtet.[13] Dagegen ist das Netflix-Abo ein echtes Super-Schnäppchen. Und bei Stoner Cats können Fans sogar den Fortgang der Serie mitbestimmen – eine Möglichkeit, die auch andere Produktionen nutzen werden.[14]

»Filme, die man nur mit Erwerb eines NFTs sehen kann – wird das nicht ein Außenseiter-Thema bleiben? Das ist doch nur was für leichte Unterhaltung und nichts für echte Cineasten!«

»Das ist ein Irrtum! Es zeichnet sich bereits ab, dass NFTs auch in der Filmbranche immer mehr um sich greifen. Viele Sender, Filmstudios und Produktionsfirmen beginnen, sich dafür zu interessieren. Mit VUELE existiert bereits die erste Verkaufsplattform im Netz, die Spielfilme als NFTs direkt an Konsumenten vertreibt.[15] Auch der erste Oscar-nominierte Film, *Claude Lanzmanns Spectres of the Shoah,* wurde bereits als NFT verkauft.[16] Und selbst Starregisseur Quentin Tarantino ist eingestiegen: Über OpenSea versteigerte er sieben unveröffentlichte Szenen seines Kultfilms *Pulp Ficiton*, die wohl einige offene Fragen in der Handlung erklären würden, dazu handgeschriebene Seiten aus dem Originaldrehbuch und eigene Audio-Kommentare.[17]«

Unveröffentlichte Filmszenen, Drehbücher, ikonische Filmgegenstände, ungekürzte Langfassungen (»Director's Cut«), Zusatzinhalte, exklusive Events ... – auch bei Thema Film lassen sich zahlreiche Verwertungsmöglichkeiten denken, bei denen NFTs ins Spiel kommen. Im Falle von Tarantino sollen die NFTs so programmiert sein, dass der Besitzer selbst entscheiden kann, ob er sie der Öffentlichkeit zugänglich macht oder allein genießt. Auch das dürfte Preissteigerungen provozieren.[18] Vielleicht ein interessantes Geschäftsmodell, den NFT zu refinanzieren, indem man Geld dafür verlangt, wenn man andere diese Szenen sehen lässt. Ich würde sofort Geld bezahlen, wenn ich endlich wüsste, was bei Pulp Fiction in dem schwarzen Aktenkoffer ist und so mysteriös golden schimmert. Vermutlich wird es nicht lange dauern, bis die ersten Cineasten eine exklusive NFT-Sammlung aufbauen und dabei auf Wertsteigerungen hoffen (und sie wohl auch bekommen).

Viel spannender als Panini-Bilder: NFTs im Sport

Viele NFT-Einsätze kreisen um Gaming und Sammeln. Es war daher nur eine Frage der Zeit, bis der Fußball die Möglichkeiten dieses Mediums für sich entdeckte. Das wertvollste Start-up Frankreichs, Sorare, ist ein Handelsplatz für digitale Fußballer-Sammelkarten im Stil der Panini-Bildchen aus den 70er-, 80er- und 90er-Jahren, ergänzt durch Gaming-Funktionen. 2021 wurde die junge Firma mit damals 30 Mitarbeitern mit 4,3 Milliarden US-Dollar bewertet. Warum, verstehst du sofort, wenn du jemals Panini-Bildchen gehortet hast. Bei Sorare besteht akute Suchtgefahr, denn das Ganze ist noch um Einiges interessanter. Du kannst dort NFT-Karten sehr bekannter und etwas weniger bekannter Fußballer erstehen. Dabei wird geschickt auf Verknappung gesetzt: Am häufigsten und günstigsten sind gelbe Karten mit einer Tausenderedition, von roten Karten gibt es je Fußballer nur 100, von den blauen 10 und eine schwarze Karte existiert nur ein einziges Mal. Im Frühjahr 2021 wurde die schwarze Ronaldo-Karte für umgerechnet 245.000 Euro weiterverkauft. Das Sammeln von Karten und das Handeln damit sind aber nur ein Teil des Business. Sorare wirbt für sich mit den Slogans »Global Fantasy Football«

und »Own Your Game«. Wer fünf NFT-Karten (einen Torwart und vier Feldspieler) besitzt, kann diese als Mannschaft bei Wettbewerben antreten lassen. Und jetzt wird es richtig lustig: Abhängig vom Spielerfolg der echten Spieler (!) schüttet Sorare Gewinne in Form von weiteren Sammelkarten oder Geldpreisen aus. Ist das nicht der Traum eines jeden Fußballfans? International kooperieren bereits 200 Fußballclubs mit dem Unternehmen, darunter der FC Bayern München und Bayer 04 Leverkusen. Über Lizenzgebühren verdienen die echten Vereine am Geschäft mit. Angepeilt sind Verträge mit allen wichtigen Fußball-Ligen weltweit.[19] Auf meinem YouTube-Kanal findest du übrigens ein Video, in dem ich dir genau erkläre, wie Sorare funktioniert.[20]

Ein anderes Erfolgsbeispiel für NFTs im Sportbereich sind die NBA Top Shots, die unvergessliche Momente im Basketball zu Geld machen. Das kanadische Unternehmen Dapper Labs setzt damit ebenfalls auf die Sammelleidenschaft der Sportfans. Sie können Eigentumszertifikate zu Kurzvideos spektakulärer Basketballszenen erwerben, und zwar in Seltenheitsstufen von »common« (gewöhnlich) über »rare« (selten) bis »legendary« (legendär). Außerdem wird der Preis von der Seriennummer des Videos beeinflusst. Niedrige Nummern sind teurer als hohe. Ausnahme: Videos, deren Seriennummer der Trikotnummer des Spielers entspricht, sind besonders teuer. Erhältlich sind »Moments« in Packs – virtuellen Sammelpäckchen, die man wie früher Panini-Packungen »aufreißen« kann. Die Ausgabe von Packs wird vorher auf der Website https://nbatopshot.com/, aber auch per E-Mail und auf dem Discord-Account des Unternehmens angekündigt. Hinter den Top Shots steckt ein Spiele-Entwickler, der alles tut, um die Spannung der Fans zu steigern, zum Beispiel mit virtuellen Warteschlangen vor einem »Packdrop«, bei dem den Wartenden limitierte Päckchen zugelost werden. Wie hoch dabei die Chancen eines Fans sind, ist zum Teil abhängig von seinem »Collector Score«: Wer bereits viele und vor allem seltene Moments besitzt, darf sich wie am Flughafenschalter in der »Priority«-Warteschlange anstellen bzw. hat eben keine Schlange vor sich. Einsteiger-Packs sind günstig und schon für 9 US-Dollar zu haben. Zahlen kann man außer mit der Kryptowährung »FLOW«, die auf der FLOW-Blockchain generiert wird, auch einfach mit der Kreditkarte. Auf der Website ist ein Marktplatz integriert, auf dem Sammler Top Shots kaufen und verkaufen können. Besonders begehrte NFTs wechselten bereits für mehrere hunderttausend Dollar den Besitzer.[21] Zu den Investoren bei Dapper Labs gehören neben berühmten Basketball-spielern wie Michael Jordan oder Celebrities wie Will Smith auch verschiedene Investmentfonds. Offenbar sind sich alle einig: Das ist ein Geschäft mit Zukunft!

Was sich hier zeigt: NFTs eröffnen Sportfans neue Möglichkeiten, sich ihren Idolen nah zu fühlen und den eigenen Status durch begehrte Sammelobjekte aufzuwerten. Wie im Kunstbereich gibt es auch beim Geschäft mit Sport-NFTs Communitys, die sich über Twitter, Discord und Blogs organisieren und ein Gemeinschaftsgefühl schaffen wie früher beim Bildchen-Tauschen auf dem Schulhof. Die Plattform Socios. com beispielsweise lockt Fans mit exklusiver Teilhabe am Clubgeschehen. Wer Fan-Tokens einer bestimmten Fußballmannschaft erwirbt, kann an Umfragen des Vereins teilnehmen und erhält VIP-Zugang zu Tickets, Fan-Artikeln, Chatrooms usw. Bekannte Clubs wie Paris St. Germain oder der AC Mailand machen mit. Auch Socios.com hat natürlich einen Marktplatz für den Handel mit den Fan-Tokens. Bezahlt wird hier mit der Kryptowährung Chiliz.

Mode, Marketing & mehr: NFTs in traditionellen Unternehmensbereichen

Gaming, Musik, Fan-Artikel – man könnte den Eindruck gewinnen, NFTs seien auf Entertainment abonniert. Dabei halten sie auch in anderen Businessbereichen längst Einzug. Als datensichere digitale

Assets bieten sie sich zum Beispiel für die Sicherung und den Handel mit Patenten und sonstigen Schutzrechten an. IBM hat dazu die Plattform IPwe gegründet, wobei IP für Intellectual Property (geistiges Eigentum) steht. Laut Eigenwerbung ist IPwe in mehr als 50 Ländern weltweit aktiv, arbeitet seit 2018 mit der Blockchain von IBM und hat 2021 einen Marktplatz für NFT-basierte Patente ins Leben gerufen.[22] Auch in der Logistik ist das Unternehmen mit Blockchain-basierter Technologie aktiv, da sich mit NFTs Herkunft und Lieferkette dokumentieren und fortlaufend aktualisieren lassen. Dabei ist der Firmenname Programm: »Food Trust«, Vertrauen in Lebensmittel. Die IBM-Tochter TradeLens bietet in der Containerlogistik die lückenlose Nachverfolgung der Lieferkette. Auch in weiteren Branchen wie Gesundheitswesen/Arzneimittel, Konsumgüter oder Automobilindustrie können NFT-Anwendungen eine transparente und sichere Logistik garantieren.[23]

Als Herkunftsnachweis sind NFTs natürlich auch für die Modewelt, vor allem für exklusive Marken interessant. Daneben experimentieren Modeschöpfer wie Dolce & Gabbana bereits mit virtuellen Kleidungsstücken – Unikaten, die sie meistbietend versteigern, teilweise in Kombination mit einer maßgeschneiderten echten Version des jeweiligen Stückes. Der »Glass Suit«, ein virtueller Anzug, erzielte auf einer Modenschau von D&G im Herbst 2021 rund 1 Million US-Dollar Erlös. Zusätzlich zum NFT wird dem Käufer der Anzug auf den Leib geschneidert. Spitzfindige Geister können nun darüber streiten, ob das eher ein echtes Kleidungsstück mit NFT-Zertifikat oder eher ein digitales Kunstwerk mit einer analogen Zugabe ist. Wobei mich der Glas-Anzug am ehesten an den Fiebertraum eines kitschanfälligen Hofschneiders aus dem 18. Jahrhundert erinnert.[24] Inzwischen sind darüber hinaus etliche Modemarken mit den Herstellern von Computerspielen im Gespräch. Bald wird man daher auch in der virtuellen Welt seine Lieblingsmarke tragen und statusträchtige digitale Kleidungsstücke zur Schau stellen können. In Decentraland ist das bereits an der Tagesordnung. Wer ein »Captain's Hat-Wearable« der ICE-Poker-Serie trägt, nach dem dreht man sich in der virtuellen Welt schon heute um. Schließlich gibt es davon nur hundert, von denen einige bei Mitgliedern unserer Mikes-Money-Mentoring-Community gelandet sind.

In der Gaming-Welt kann man schon lange virtuelle Grundstücke kaufen, doch über kurz oder lang könnte auch der Verkauf echter Immobilien über NFTs abgewickelt werden. Die US-Firma Propy (https://propy.com) hat sich zum Ziel gesetzt, den Immobilienhandel durch Smart Contracts auf der Blockchain zu automatisieren sowie ihn einfacher, schneller und sicherer zu machen. Die erste echte Wohnung, die als NFT verkauft wurde, war die des Tech-Gründers Michael Arrington.[25] Wie das mit deutschen Vorschriften für den Immobilienkauf zu vereinbaren ist, wird zu klären sein, aber grundsätzlich spricht nichts dagegen, das übliche Procedere mit Notarvertrag und Grundbucheintrag automatisiert in die Blockchain zu verlegen. Auch in anderen Bereichen werden Juristen sich beeilen müssen, mit der technischen Entwicklung Schritt zu halten, vor allem im Urheberrecht, das NFTs bisher nicht vorsieht, im Steuerrecht für Gewinne aus Kryptogeschäften und generell im Finanzmarktrecht bei der Behandlung von Kryptowerten.

Daneben entdecken auch Marketingfachleute die NFTs für sich. Nike beantragte schon 2019 ein Patent für die »CryptoKicks«, Schuh-NFTs, die beim Verkauf nicht nur als Echtheitszertifikat dienen sollten, sondern auch die Möglichkeit bieten könnten, eigene Schuhe zu designen und diese von Nike herstellen zu lassen. Auch eine Spielvariante wird diskutiert. Dabei könnten zwei Paar CryptoKicks ähnlich wie CryptoKitties miteinander gepaart und so vermehrt werden. Damit würde endlich der Traum aller Schuhliebhaber*innen Wirklichkeit, dass ihre Schuhe über Nacht auf märchenhafte Weise attraktive Kinder zeugen.[26] Für andere Marken geben die Marketeers Videospiele in Auftrag. Louis Vuitton etwa feierte sein 200-jähriges Bestehen im August 2021 unter anderem mit dem Handy-Spiel »Louis – the Game«, in dem sich das Markenmaskottchen Vivienne auf eine Reise durch die Unternehmensgeschichte begibt. Beworben wird das Spiel mit dem Slogan »Go, get some Louis Vuitton NFT!!«[27] Burberry hingegen kooperiert mit dem Spiele-Entwickler Mythical Games und lanciert über das Spiel »Blankos Block Party« NFTs von Burberry-Produkten.[28] Andere Unternehmen kombinieren Werbung mit Charity. Beispielsweise versteigerte die Fastfoodkette Taco Bell auf der Plattform Rarible 25 NFT-Kunstwerke, die angeblich in einer halben Stunde ausverkauft waren.[29] Und natürlich lässt sich auch McDonald's diesen Hype nicht entgehen und bringt den Mc Rib-NFT heraus. »Noch eine Apfeltasche zu Ihrem NFT?«[30] Und die Firma Charmin bewarb ihr Toilettenpapier mit fünf »NFTPs« (»non-fungible toilet paper«-Unikaten), die zu Preisen zwischen 500 und 2.100 US-Dollar versteigert wurden.[31] Die Einnahmen sind Peanuts für den Konzern, doch die Aufmerksamkeit in den Medien, die die Aktion entfachte, dürfte ein Vielfaches wert sein.

Du siehst, in der NFT-Welt schreckt man vor nichts zurück. Zur Kundenbindung ist in naher Zukunft auch mit dem digitalen Äquivalent zu herkömmlichen Stempelkarten zu rechnen. Vielleicht bekommt man eines Tages für 100 gekaufte Klopapierrollen einen silbernen Klorollen-NFT, für 1.000 einen goldenen und für 10.000 einen Platin-Token, den man gegen eine Reise zum Arsch der Welt eintauschen kann. Und auch am anderen Ende der kulturellen Skala hat man bereits die NFTs entdeckt. Ein Beispiel sind Aktionen bedeutender Museen, die NFTs weltbekannter Kunstwerke aus ihren Beständen verkaufen, um ihren Corona-gebeutelten Etat aufzubessern. So erzielten die Uffizien in Florenz 140.000 Euro für ein NFT des Michelangelo-Gemäldes »Tondi Doni« mit Madonna und Christuskind. Eine wohlhabende Dame schenkte es ihrem Gatten zum 60. Geburtstag, und ich hoffe, der hatte sich stattdessen nicht die Anzahlung auf einen echten Ferrari gewünscht.[32] Auch der World Wildlife Fonds will mit NFTs Geld einsammeln und bot im Herbst 2021 unter der Überschrift »Non-Fungible Animals« Werke verschiedener Künstler zu bedrohten Tierarten zum Kauf an – beispielsweise 1.063 Exemplare eines digitalen Kunstwerks zum Berggorilla. Für jedes noch lebende und unersetzliche Tier genau eines.[33]

Du siehst: NFTs sind überall. In wenigen Jahren werden wir uns vermutlich eher fragen, wo sie NICHT sind!

Ein Blick in die Zukunft: NFTs im Finanzwesen und mehr

Wo könnte bei dieser interessanten Technologie die Reise hingehen? Im Folgenden möchte ich dich auf einen kurzen Ausflug in die Zukunft mitnehmen und einige realistische und teilweise schon reale Szenarien aufzeigen. Quo vadis, NFT? Wohin gemma denn?

Einer der wichtigsten Bereiche im gesamten Krypto-Umfeld ist DeFi, das sind dezentralisierte Finanzdienstleistungen. Herkömmliche Finanzdienstleistungen kennst du zur Genüge. So kannst du beispielsweise dein Erspartes auf ein Bankkonto legen. Dieses Geld nimmt die Bank und bietet es einem anderen Bankkunden an, der sich Geld leihen möchte. Wenn der nun dieses Angebot annimmt, indem er beispielsweise sein Konto überzieht, zahlt er dafür beträchtliche Zinsen. Als kleines Dankeschön bittet deine Bank dich heutzutage freundlicherweise, Strafzinsen auf eine höhere Einlage zu bezahlen. Sympathisch werden diese dann als »Verwahrentgelt« oder wahlweise auch »Negativzins« bezeichnet. Wohlgemerkt dafür, dass sie mit deinem Geld eine ihrer Finanzdienstleistungen anbieten kann. Ich kann die Bank aber schon verstehen. So ein Finanzhaus hat Mitarbeiter, Firmengebäude, einen Serverraum, eine Kantine, also viele Kosten. Hier kommen die dezentralisierten Finanzdienstleister ins Spiel. Die haben all das nicht. Hier setzen ein paar Menschen mit Hilfe eines Smart Contracts ein Protokoll auf der Blockchain auf, und wenn das fertig programmiert ist, dann läuft das Protokoll. Unermüdlich, Tag und Nacht, ohne Firmengebäude, ohne Kantine, mit nur noch sehr wenigen Mitarbeitern und ohne Serverraum. Dadurch, dass alles dezentral ist und ganz viele Rechner weltweit an der Blockchain rechnen, ist diese »Last« auf viele helfende (Computer-)Hände verteilt und obendrein wird auch noch die Sicherheit erhöht. Eine Hotline, wenn du dein Password vergessen hast, gibt es da allerdings auch nicht.

Welche Finanzdienstleistungen bietet so ein DeFi-Protokoll an? Irgendwann mit Sicherheit alle, die auch eine Bank anbietet, aber auch aktuell schon sehr viele. Dazu zählen zum Beispiel Darlehen. Der wohl gängigste Anwendungsfall ist der Besitzer von Kryptowährungen, der Geld in Form von FIAT[34], also Euro oder Dollar braucht. Nehmen wir an, jemand hat 10 Ether und will die auf keinen Fall verkaufen, weil er denkt, dass der Kurs weiter steigen wird. Braucht er nun dringend Geld, kann er diese 10 Ether als Pfand in einem DeFi-Protokoll hinterlegen. Dieses gibt ihm dafür Geld, meistens einen Stablecoin. Das ist eine Kryptowährung, bei der eine Einheit immer 1 Dollar entspricht. Das Protokoll hat eine 30-prozentige Verleihungsgrenze im Smart Contract hinterlegt, sodass sich derjenige, der die 10 Ether einlegt, dafür 3 Ether zu einem bestimmten Zinssatz leihen kann. Diese 3 Ether bekommt er in Form eines Stablecoins, den er auf einer Exchange (Börse) in Euro wechselt, die er dann auf sein Bankkonto überweist. Währenddessen werden die Zinsen hierfür von der Einlage abgebucht. Wenn er nach einem Jahr die 3 Ether zurückbringt und dem Protokoll zurückzahlt, bekommt er seine 10 Ether zurück. Auf der anderen Seite gibt es Menschen, die dem DeFi-Protokoll das Geld zur Verfügung stellen, das dem Darlehensnehmer ausgehändigt wird. Diese Anleger bekommen für ihre Einlage Zinsen. Ja, sie bekommen Zinsen und müssen sich nicht wie bei der Bank mit Peanuts zufriedengeben oder sogar Strafzinsen zahlen. Zinssätze um die 10 Prozent sind im DeFi-Bereich keine Seltenheit.

> »10 Prozent Zinsen, veräppeln kann ich mich selber! Das ist doch Betrug! Und überhaupt, das Risiko muss doch immens sein!«

»Du hast recht – no risk, no fun, das gilt hier wie überall. Ein Protokoll kann beispielsweise schlecht programmiert sein und von Hackern gehackt werden. Dann sind alle Einlagen weg, bzw. bei jemand anderem, bei den Hackern. ›Zinsen‹ werden oft in anderen Kryptowährungen ausgezahlt, deren Erstellung nichts kostet, so wie beim oben erwähnten ICE-Token. Diese Währungen können im Wert sinken oder sogar wertlos werden.«

In der DeFi-Welt gibt es sehr viele Möglichkeiten, mit den verschiedensten Protokollen sehr hohe Zinsen zu erwirtschaften. Die Renditen können hier in die Hunderte oder gar Tausende Prozent gehen. Es gibt zum Beispiel das Staking. Man hinterlegt dabei Coins in einem Protokoll als Pfand, um das Netzwerk abzusichern. So wird es bei Ethereum 2.0 mit dem Prinzip »Proof of Stake« der Fall sein, sobald das eingeführt ist. Darüber hinaus gibt es auch noch Liquidity Mining. Dort stellt man einer DEX (dezentral organisierten Kryptobörse) Liquidität in Form von zwei Kryptowährungen, also einem Währungspaar, zur Verfügung. So kann dort Währungshandel betrieben werden. Eine DEX ist also ein Kryptowährungs-Tauschprotokoll, das automatisiert auf der Blockchain läuft, ohne Personal- oder sonstige Kosten, wie herkömmliche Finanzdienstleister sie haben. Beim Liquidity Mining gibt es allerdings das Risiko des »impermanent loss«, auf das ich hier aufgrund der Komplexität nicht näher eingehe. Es gibt unzählige YouTube-Videos dazu, die das gut erklären.

Du siehst also, von risikolos sind wir bei DeFi-Anlagen meilenweit entfernt! Wer sich aber gut auskennt, kann Protokolle suchen, mit denen er mit vergleichsweise (!) geringem Risiko Geld erwirtschaften kann. Eines der bekanntesten Protokolle hat momentan Einlagen in Höhe von 28 Milliarden US-Dollar und läuft schon sehr lange, ohne gehackt worden zu sein. Weil sich eine solche Beute für Hacker wirklich lohnen würde, kannst du davon ausgehen, dass das

Protokoll täglich mehrfach Hackerattacken ausgesetzt ist. Jeder Tag, den dieses Protokoll ungehackt weiterläuft, erhöht also die Wahrscheinlichkeit, dass es »sicher« ist.

Warum erkläre ich dir so ausführlich, was DeFi ist? Ganz einfach, weil DeFi und NFTs schon zu verschmelzen beginnen und in Zukunft noch viel stärker miteinander interagieren werden. Das liegt auf der Hand, denn beides findet auf der Blockchain statt und kann dadurch sehr gut miteinander kommunizieren und interagieren. Stell dir zum Beispiel vor, der Typ mit den 10 Ether, der Geld braucht, besitzt statt 10 Ether einen CryptoPunk. Stell dir weiter vor, es gäbe ein Protokoll, in dem er den CryptoPunk hinterlegen und beleihen könnte, um so Euro zu bekommen. Auch das gibt es schon, und es wird in Zukunft noch viel weiter verbreitet sein, in jeder nur denkbaren Ausprägung.

Wenn du das Prinzip eines NFTs erst einmal verstanden hast und weißt, dass jeder NFT ein Smart Contract ist, dann werden dir wahrscheinlich noch sehr viele andere Anwendungsmöglichkeiten einfallen. So wäre es denkbar, dass wir vor dem nächsten Flug in den Urlaub nicht mehr panisch unsere Reisepässe suchen müssen, weil sie längst als NFT in unserer digitalen »Bürgerwallet« hinterlegt sind. Gut, wahrscheinlich suchen wir dann stattdessen fieberhaft das Passwort zu dieser Wallet, aber das ist ein anderes Thema. Auch im Versicherungsbereich wird sehr viel möglich sein. Es ist zum Beispiel ohne Weiteres denkbar, dass eine Unwetterversicherung in ihrem Smart Contract eine Verbindung zu einem amtlichen Wetterinstitut hinterlegt hat. Wenn dieses Institut nun bestätigt, dass laut deren Aufzeichnungen tatsächlich 169 Liter Wasser pro Quadratmeter im Dorf des Versicherungsnehmers niedergegangen sind, dann wird die Versicherungssumme automatisiert in die Wallet ausgezahlt. Doch um realistisch zu bleiben: Wahrscheinlich werden Versicherungen eher Systeme finden, wie du die Prämien mit deiner Wallet sehr schnell und in Echtzeit zu bezahlen hast. Die Auszahlungen wiederum werden sie womöglich noch sehr lange manuell vornehmen. Bearbeitungszeit sechs bis acht Wochen. Minimum. ●

Auch in der Arbeitswelt der Zukunft werden mit Blockchain-Technologie völlig neue Szenarien denkbar. So ist vorstellbar, dass künftig Arbeit minuten- und sekundengenau abgerechnet und der Lohn genauso exakt, noch während des Arbeitsvorgangs sekündlich in die Wallet des Arbeitnehmers ausgezahlt wird. Natürlich nicht, ohne parallel dazu in Echtzeit auch gleich die anfallenden Steuern und Sozialversicherungsbeiträge abzubuchen. Wobei, bevor unser Staat allerdings die Blockchain entdeckt, muss wahrscheinlich noch der eine oder andere Antrag hierfür auf der Schreibmaschine getippt werden. Auch könnten Incentives als NFTs ausgegeben werden, zum Beispiel Extraurlaub für besondere Leistungen, Warengutscheine oder Eintrittskarten für das nächste Fußballspiel. Und das ohne lange Diskussionen im Mitarbeitergespräch, ganz automatisch, sobald bestimmte Projektziele erreicht wurden.

Die NFTs sind also erst am Anfang. Sie werden früher oder später alle beschäftigen: Unternehmer und Arbeitnehmer, Bürokraten und Kunstschaffende, Verkäufer und Kunden, Burger und Regierende, Karnevalesen und Fastnachtsanhänger – ja, sogar Bayern und Preußen!

Quellen

1   https://www.faz.net/aktuell/finanzen/digital-bezahlen/non-fungible-tokens-baut-sich-eine-blase-auf-17502272.html

2   Quellen: https://www.welt.de/motor/news/article144425401/Die-zehn-besten-Zitate-ueber-Autos.html und https://www.sueddeutsche.de/digital/beruehmte-fehlprognosen-computer-sind-nutzlos-1.935972

3   https://www.gameswirtschaft.de/wirtschaft/umsatz-vergleich-2020-games-film-musik//

4   https://mein-mmo.de/bericht-zeigt-wie-viele-menschen-weltweit-games-zocken-spoiler-es-sind-viele/

5   Quellen: https://de.beincrypto.com/die-expansive-ausbreitung-der-nfts-was-steckt-hinter-dem-hype/ und https://www.play3.de/2020/05/18/minecraft-mojang-studios-enthuellen-neue-spielerzahlen/

6   Vgl. Matt Fortnow/Quharrison Terry: The NFT Handbook. How to Create, Sell an Buy Non-Fungible Tokens. Hoboken: Wiley 2021, S. 24.

7   Vgl. https://www.wiwo.de/finanzen/boerse/ethereum-blockchain-cryptokitties-geld-fuer-gute-gene/27202962-2.html

8   Vgl. https://marketplace.axieinfinity.com/?listed=Item

9   https://www.heise.de/news/Krypto-Hype-Rockband-Kings-of-Leon-vermarktet-sich-mit-nicht-fungiblen-Tokens-5074182.html

10 Eine detaillierte Beschreibung des Projekts findest du unter: https://www.one37pm.com/nft/music/eulerbeats-nfts-enigma

11 https://www.16bars.de/newsartikel/284506/kool-savas-king-of-rap-nft-nach-auktion-weiterverkauft/

12 https://decrypt.co/77064/stoner-cats-nft-sale-cost-users-790000-failed-ethereum-transactions

13 https://www.business-punk.com/2021/07/stoner-cats-eine-cartoon-serie-fuer-die-ihr-nfts-kaufen-muesst/

14 Vgl. https://www.stonercats.com/about

15 Vgl. https://vuele.io/

16 https://variety.com/2021/film/global/nft-movies-first-film-sale-claude-lanzmann-documentary-1234930343/

17 https://t3n.de/news/tarantino-nft-pulp-fiction-1423354/

18 Vgl. ebd.

19 Vgl. https://sorare.com/

20 https://www.youtube.com/watch?v=fINBCcmJw4I&t=860s (Titel: »Enorme Wertsteigerung von FC Bayern Sammelkarten«).

21 Vgl. https://inside-nfts.de/die-10-teuersten-nba-top-shot-moments-aller-zeiten/

22 Vgl. https://ipwe.com/who-we-are/

23 Vgl. https://www.ibm.com/de-de/blockchain/solutions/food-trust, https://www.ibm.com/de-de/blockchain/solutions/container-logistics und https://www.ibm.com/de-de/blockchain/solutions/transparent-supply

24 https://www.vogue.de/mode/artikel/dolce-gabbana-nft-kollektion-virtueller-glasanzug-millionenschwere-erfolgsgeschichte

25 https://de.beincrypto.com/die-expansive-ausbreitung-der-nfts-was-steckt-hinter-dem-hype/

26 https://token-information.com/de/was-bringt-mir-die-schuh-tokenisierung/

27 Vgl. https://www.youtube.com/watch?v=Gis9gMIITEM (eine Videoeinführung ins Spiel).

28 Vgl. https://www.burberryplc.com/en/news/brand/2021/Blankos.html

29 https://www.theverge.com/2021/3/8/22319868/taco-bell-nfts-gif-tacos-sell

30 https://www.nbcnews.com/pop-culture/pop-culture-news/mcrib-back-mcdonalds-also-nft-rcna4277

31 https://hypebeast.com/2021/3/charmin-nft-toilet-paper-artwork-debut-announcement

32 https://www.faz.net/aktuell/feuilleton/die-uffizien-verkaufen-digitale-kopien-ihrer-kunstwerke-17358135.html

33 Vgl. https://www.wwf-nfa.com/

34 FIAT (vom lateinischen »fiat« – »Es werde«) bezeichnet nicht digitales Geld, das aufgrund einer gesellschaftlichen Vereinbarung als Tauschmittel verwendet wird, kurz gesagt also klassische Währungen.

ENORME GEWINNE MIT NFT-KUNST – BLASE ODER ZUKUNFTSTREND?

―――――― *Seit einzelne Werke wie Beeples »Everydays« oder die CryptoPunks Schlagzeilen machen, rücken NFTs ins öffentliche Bewusstsein. Wie kann es sein, dass Arbeiten bis dato Unbekannter urplötzlich Millionenpreise erzielen? Alle Welt rätselt, ob es sich um eine Blase oder einen echten Zukunftstrend handelt. Das ist schlicht die falsche Frage, denn für den Markt mit digitaler Kunst gilt beides. Die Preise mancher Projekte werden sich als blasenhaft übersteigert erweisen und den Investoren herbe Verluste bescheren. Andere Investments werden Bestand haben und weiterhin sagenhafte Wertzuwächse generieren. In diesem Kapitel schärfe ich deinen Blick für riskante und weniger riskante Investments im NFT-Bereich. Auch ich besitze natürlich keine Glaskugel, mit der ich in die Zukunft schauen kann. Ich bin allerdings überzeugt, dass es ein paar Faustregeln gibt, die für Wertstabilität und weitere Wertsteigerungen sprechen. Und die sind sehr leicht zu verstehen.*

Digitale Kunst: Eine Systematik

Einen ersten Überblick über das, was sich in der NFT-Investment-Szene tut, gibt dir Abbildung 1. Bitte beachte, dass die dort genannten Beispiele weder eine Kaufempfehlung noch eine Garantie für dauerhaft sprudelnde Gewinne sind. Es handelt sich um aktuell prominente Projekte. Auf den folgenden Seiten gehen wir die in der Abbildung genannten Kunstformen im Einzelnen durch.

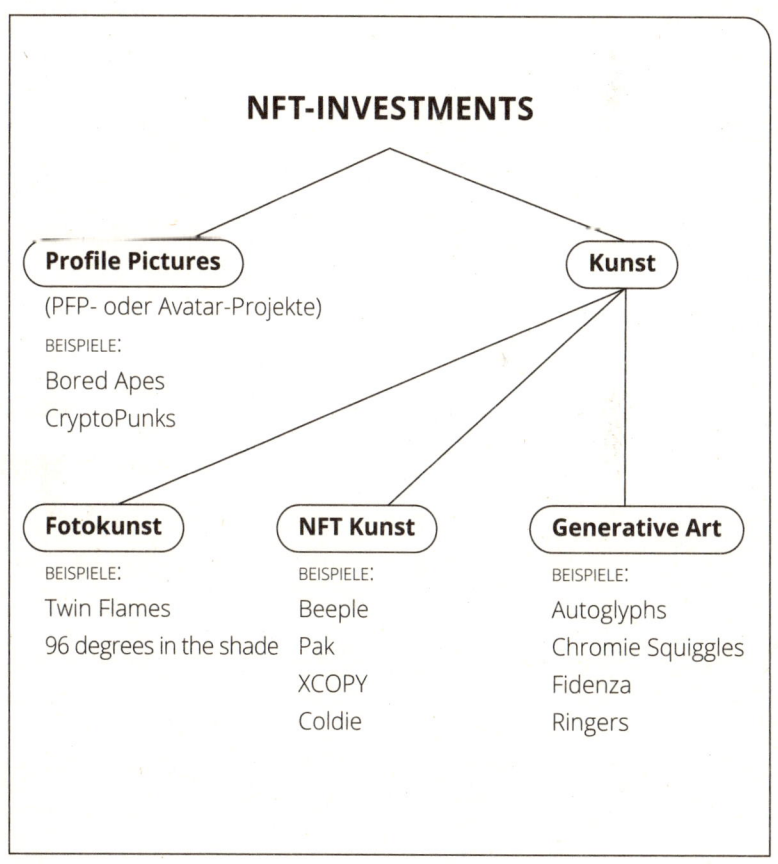

ABB. 1: Übersicht über die NFT-Investmentmöglichkeiten

Profile Pictures (PFPs): Von OGs und Nachahmern

»Profile Pics« hast du schon zu Beginn des Buches kennengelernt. Das sind Bildserien (oft 10.000 individuelle Varianten eines Motivs), die als Benutzerbild in den sozialen Medien eingesetzt werden können. Alternativ werden sie auch »Avatar«-Projekte genannt. Die bekanntesten PFPs sind die CryptoPunks. Zwei von den dreien, die mir gehören, begrüßen dich in der Headline zu diesem Kapitel und oben links in Abbildung 2. Die CryptoPunks wurden von zwei kreativen Softwareexperten, John Watkinson und Matt Hall, im Juni 2017 auf den Markt gebracht. Das Duo nennt sich Larva Labs und hat inzwischen weitere erfolgreiche Profile Pics, die Meebits, lanciert. Nebenbei zeichnen sie auch noch für das Generative-Art-Projekt »Autoglyphs« verantwortlich, das als das Erste seiner Art gilt und Traumpreise erzielt – mehr dazu später in diesem Kapitel. Der Verkauf der Punks verlief zunächst schleppend – tatsächlich war es gar kein Verkauf. Diese NFTs, die im Moment für Hunderttausende und einige gar für Millionen gehandelt werden, wurden anfänglich an jeden, der eine Ethereum-Wallet besaß, verschenkt. Im Nachhinein war das so, als ob du einen Teil der Kronjuwelen geschenkt bekommen hättest. Schon im Sommer 2021 kostete der günstigste Punk 44 Ether, damals rund 90.000 Euro. Sehr begehrte Versionen wechselten für bis zu 4 Millionen Euro den Besitzer.

Nimm als Beispiel den CryptoPunk #2140, der am 23. Juni 2017 kostenlos geclaimt (in Besitz genommen) und von seinem schlauen Eigentümer am 22. Februar 2021 für 731.000 US-Dollar weiterverkauft wurde. Auch der Käufer, der fast eine dreiviertel Million investierte, machte nichts falsch, denn am 30. Juli 2021 verkaufte er

ABB. 2: CryptoPunk im Besitz von Gary Vaynerchuk (Quelle: Larva Labs, 11.11.2021)

CryptoPunk 2140

One of 24 Ape punks.

Accessories

Knitted Cap
419 punks have this.

Small Shades
378 punks have this.

Current Market Status

This punk is currently owned by address gary.vee....
This punk has not been listed for sale by its owner.
There are currently no bids on this punk.

Transaction History

Type	From	To	Amount	Txn
Bid Withdrawn	0x7eb413		0.09Ξ ($415)	Nov 08, 2021
Bid	0x7eb413		0.09Ξ ($411)	Nov 08, 2021
Bid Withdrawn	0x1e30b4		0.40Ξ ($1,530)	Oct 19, 2021
Bid	0x1e30b4		0.40Ξ ($1,365)	Sep 15, 2021
Bid	hammy.et...		0.30Ξ ($1,000)	Aug 23, 2021
Bid	0xeea014		0.10Ξ ($311)	Aug 08, 2021
Sold	grunar.e...	gary.vee...	1.6KΞ ($3.76M)	Jul 30, 2021
Offered			1.6KΞ ($5.77M)	May 13, 2021
Offered			1.9KΞ ($5.24M)	Apr 30, 2021
Bid Withdrawn	0x7f3aff		500Ξ ($887,190)	Mar 22, 2021
Sold	Pranksy	grunar.e...	750Ξ ($1.18M)	Mar 02, 2021
Offered			750Ξ ($1.22M)	Feb 25, 2021
Offered			900Ξ ($1.39M)	Feb 23, 2021
Offered			999.99Ξ ($1.6M)	Feb 23, 2021
Offered			1.34KΞ ($2.45M)	Feb 22, 2021
Bid	0x7f3aff		500Ξ ($914,505)	Feb 22, 2021
Sold	0x0cea5b	Pranksy	400Ξ ($731,604)	Feb 22, 2021
Offered			400Ξ ($731,604)	Feb 22, 2021

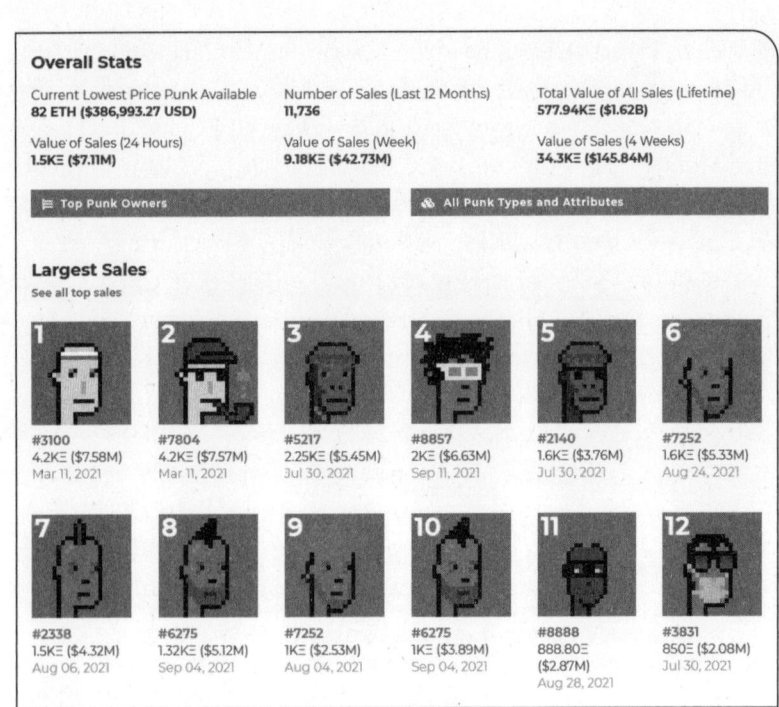

ABB. 3: Verkaufsstatistik der CryptoPunks am 11.11.2021
(Quelle: Larva Labs, 11.11.2021)

diesen sogenannten Ape, von denen insgesamt nur 24 Stück existieren, für sagenhafte 3,76 Millionen US-Dollar an Gary Vaynerchuk (alias Gary Vee) weiter. Der besitzt ihn seitdem und wird ihn, so wie ich Gary kenne, auch »für immer« behalten. Allein sein prominenter Besitzer verschafft diesem CryptoPunk wahrscheinlich eine gewisse Wertstabilität. Und wenn du dich fragst, woher ich das alles weiß: Transaktionen auf der Blockchain sind öffentlich einsehbar, bei den CryptoPunks auch über die Website von Larva Labs, wie der Screenshot mit dem Ausschnitt der Verkaufsgeschichte von Gary Vees Punk zeigt (Abbildung 2). Alle Eigentümerwechsel und die zwischenzeitlichen Verkaufspreise sind hier verzeichnet. Im nächsten Kapitel erkläre ich dir noch genau, wie du solche Informationen in deine Urteilsbildung einfließen lässt.

Welche Wertsteigerungen die CryptoPunks insgesamt erlebt haben, zeigt ein Blick auf die Statistik. Abbildung 3 ist ebenfalls ein Screenshot der Seite www.larvalabs.com/cryptopunks und zeigt eine Momentaufnahme vom 11. November 2021. Danach wurde der bislang teuerste CryptoPunk am 11. März 2021 für umgerechnet 7,58 Millionen US-Dollar verkauft – zumindest auf der Larva-Labs-Plattform selbst. Im Juni 2021 ging ein seltener CryptoPunk Alien sogar für 11,7 Millionen US-Dollar über die virtuelle Ladentheke des renommierten Auktionshauses Sotheby's. Ihn sicherte sich der israelische Sportwetten-Milliardär Shalom Meckenzie.[1] Der »billigste« Punk war im November 2021 für knapp 387.000 US-Dollar zu haben. Seit ihrer Entstehung sorgten CryptoPunks insgesamt für Verkäufe mit einem Gesamtumsatz von 1,62 Milliarden US-Dollar (»Billions«), also ungefähr so viel, wie ein Dutzend florierender mittelständischer Unternehmen zusammen pro Jahr erwirtschaftet.

»Warum dieser Hype um ein paar Pixelmännchen?! Was soll denn daran überhaupt Kunst sein?«

»Die CryptoPunks gelten als allererstes wirklich bekanntes NFT-Projekt. Man sagt ihnen sogar nach, sie hätten den gesamten Bereich NFTs überhaupt erst begründet. Trotzdem machten sie viele Kunstinteressierte 2021 tatsächlich ratlos. Feuilletonisten rauften sich die Haare. Wer ein bisschen zurückdenkt, weiß allerdings: Auch in der klassischen Kunstwelt erzielen Werke, die revolutionär sind, häufig hohe Preise. Anfang des 20. Jahrhunderts sorgten beispielsweise die ›Ready Mades‹ von Künstlern wie Marcel Duchamp und Man Ray für Aufruhr. Duchamp erklärte eine Kloschüssel aus dem Sanitärhandel kurzerhand zum Kunstwerk ›The Fountain‹. Man Ray heftete das Foto eines Auges mit einer Büroklammer an den Zeiger eines Metronoms und schuf eine Serie von 100 dieser Objekte. Die Skulpturen erzielten Preise von über 40.000 Euro.[2]«

Eben weil sich die Kryptoszene einig ist, dass die CryptoPunks die ersten und bekanntesten ihrer Art sind – im Szenejargon: OG – bleiben sie vermutlich begehrenswert und wertbeständig. Daran ändert auch nichts, dass immer mal wieder irgendwo noch ältere NFTs ausgegraben werden. Bildlich gesprochen natürlich. OG steht übrigens für »Original Gangster«. Bei einem Projekt früh mit dabei zu sein, bevor die Preise explodieren und das Projekt als OG angesehen wird, ist wie ein Sechser im Lotto. Wobei dir natürlich niemand garantieren kann, dass das, was du neu und originell findest, auch genügend andere faszinieren und daher durch die Decke gehen wird.

Inzwischen gibt es Hunderte weitere PFP-Projekte. Erfolg findet immer Nachahmer. Es gibt »Cool Cats«, »CyberKongz«, »CrypToadz«, »Lazy Lions«, »Pudgy Penguins« – um nur einige zu nennen, die du auf https://rarity.tools/ finden kannst und die tatsächlich auch recht gut gelaufen sind. rarity.tools ist eine Seite, die gelistete Kollektionen nach dem Grad der Seltenheit der einzelnen NFTs sortiert und nach der Angebotslage bei OpenSea bepreist. Und da der inzwischen überschwemmte Markt wie alle Märkte nach Angebot und Nachfrage funktioniert, können viele der neueren Profile Pics den CryptoPunks nicht im Entferntesten das Wasser reichen. Als OG-Projekt werden derzeit allenfalls noch die Bored Apes gehandelt, von denen ich dank samstäglicher Schlafprobleme zehn minten konnte, ich war also der, der diese zehn Affen auf der Blockchain entstehen ließ. Als ich in der Früh verschiedene Nachrichten zu diesem Projekt las, gab es noch ein paar tausend Affen auf der Website des Bored Ape Yacht Club (https://boredapeyachtclub.com/#/). NFTs direkt auf der Website zu »minten« (durch den eigenen Kauf quasi zu erzeugen und blind zugeteilt zu bekommen) ist in der Regel am günstigsten. Ein Bored Ape war für 0,08 Ether zu minten, was damals schlappen 160 Euro entsprach. Nun saß ich da also am Rechner und mintete erst mal einen, ich hatte kaum noch Ether in der MetaMask, meiner Krypto-Wallet. Ich sah diesen Affen und dachte mir »Wow, der sieht echt geil aus«. Dann begann ein Wettrennen gegen die Zeit. Ich sah die Zahl der noch verfügbaren Affen immer rapider sinken – ein Indiz dafür, dass

ABB. 4 UND 5: Zwei meiner Bored Apes

andere sie genauso cool fanden wie ich. Ich transferierte per Sofort-überweisung Geld auf meine Kryptobörse Kraken, sogar etwas mehr, als Puffer. Dann schickte ich das Geld auf die Ethereum-Adresse, auf die ich mit meiner MetaMask zugriff, und mintete, so schnell ich konnte, noch einmal vier Stück. Die gefielen mir nun sogar noch besser als der Erste. Und dann dachte ich mir »Die Dinger sind so geil, da will ich zehn« und mintete nochmal fünf. Parallel dazu informierte ich eine Handvoll Freunde, die bis auf einige wenige, die bei mir im Mentoring sind, abwinkten. »Keine Zeit«, »Affenbilder«, »Hab kein Geld«, waren ein paar der Begründungen dafür, dass sie im Nachhinein gesehen einen Lotteriegewinn liegen ließen. Natürlich wusste das damals keiner. Doch ich konnte mich im Investmentbereich bis jetzt immer auf mein Bauchgefühl verlassen. Eine meiner Kundinnen, die heute sogar meine Mitarbeiterin ist, konnte auf den allerletzten Metern noch einen Affen ergattern, den sie bis heute hält.

Ich war nun also glücklicher »Affenpapa« eines Profilbild-Projektes, das damals einige »ganz nett« fanden. Am selben Abend machte ich ein Live-Video auf meinem YouTube-Kanal und beantwortete die Frage, welche NFTs ich momentan empfehlen würde, mit »Bored Apes«. Ich wies daraufhin, dass einer von ihnen heute morgen noch für 0,08 Ether gemintet werden konnte und dass sie inzwischen zwar

ABB. **6** UND **7:** Zugaben im Bored Ape Yacht Club: Hunde und Seren

schon bei 0,45 Ether lägen, ich sie jedoch immer noch für interessant hielte. Ich kenne Menschen, die aufgrund dieses YouTube-Videos noch am selben Abend einen gekauft haben. Sie sind mir bis heute dankbar. Aktuell (Mitte November 2021) werden mir für meine Affen bei OpenSea Angebote von rund 50 Ether gemacht. Wohlgemerkt pro Affe. Das entspricht heute circa 190.000 Euro und ist mehr als 1.180-mal so viel wie der Minting-Preis.

Am Kult um die Bored Apes lassen sich weitere Marktmechanismen verdeutlichen. Die Affen besitzen eine »Utility« – sie fungieren gleichzeitig als Mitgliedsausweis zum Bored Ape Yacht Club. Nur Mitglieder haben dort Zugang zu »The Bathroom«, wo sie sich auf einem »collaborative graffity board« jede Viertelstunde verewigen können. Vielleicht eine augenzwinkernde Verbeugung vor Pop-Art-Künstler Andy Warhol, der voraussagte, in Zukunft werde jeder für 15 Minuten weltberühmt sein. Darüber, was es heißt, Yacht-Club-Mitglieder als »gelangweilte Affen« zu bezeichnen, will ich lieber gar nicht erst nachdenken ... Mitglieder haben Zugang zu weiteren Vergünstigungen und zu exklusiven Clubveranstaltungen, wie die »Road Map« des BAYC verrät.

So gibt es immer wieder Merchandising-Artikel des BAYC, die nur von Ape-Besitzern gekauft werden können und im Nachgang oft bei eBay für ein X-Faches weiterverkauft werden. Vorläufiger Höhepunkt der Club-Mitgliedschaft war ein großes Event auf der Jahreskonferenz NFT NYC im November 2021. Comedy-Star Chris Rock führte durch den Abend mit Auftritten von Musikern wie Beck, den Strokes und anderen. Eintrittskarte hierfür war, du errätst es, ein Bored Ape in der Wallet. Eine Road Map mit interessanten Aktionsplänen für die Zukunft ist also ein weiteres Indiz für ein möglicherweise lohnendes Investment.

Als Besitzer von Bored Apes habe ich inzwischen zu jedem Affen einen Hund dazu geschenkt bekommen, außerdem zehn Dosen eines »Serums«, mit dem ich Mutanten (»Mutant Apes«) herstellen könnte. Plötzlich und ohne einen Cent zu investieren, war ich also Besitzer eines Hunderudels, dessen Preise sich um insgesamt 166.000 Euro bewegen. Und für meine Seren wurden mir, Stand heute, schon über 282.000 Euro geboten.

Ziemlich krass, finde ich. Alles in allem habe ich also allein dafür, dass ich die Affen besitze, weitere Sachwerte im Gesamtwert von 448.000 Euro geschenkt bekommen. Was du aus diesem Beispiel für dich mitnehmen kannst: Die Community, die sich um eine Serie von PFPs schart, ist extrem wichtig.

- Wie groß ist sie?
- Wie engagiert ist sie?
- Wie sympathisch agiert sie?
- Geht es nur um den Preis (schlechtes Zeichen) oder um Ideen für die Zukunft und den Spaß?

Auf dem Discord-Server zu einem Projekt kannst du dir einen Eindruck verschaffen. Der BAYC-Discord-Server hat über 17.000 Mitglieder, obwohl es nur 10.000 Affen gibt, die auf nur 5.900 Wallets verteilt sind. Auf Twitter folgen dem Club fast eine Viertelmillion Menschen. Der Ton ist freundlich-enthusiastisch. Wer sich bei Discord als Besitzer eines Bored Ape outet, wird überschwänglich begrüßt – digitales Clubgehabe vom Feinsten. Wenn du dich also für Profile Pics interessierst, behalte die Lehren aus den OG-Projekten CryptoPunks und Bored Apes im Hinterkopf: Neu? Originell? Besondere Story? Utility? Coole Community? Falle nicht auf Nachahmer herein, die meinen, Affen, Katzen oder schräge Typen gingen immer – jedenfalls nicht dann, wenn du dir große Gewinne davon erhoffst.

Fotokunst: Von Zwillingen und Memes

Basel ist mit seiner berühmten Kunstmesse (»Art Basel«) eine der wichtigsten Kunststädte der Welt. Die Messe hat inzwischen Ableger in Miami Beach und Hongkong. Seit einigen Jahren gibt es auch eine Fotokunstmesse. Im September 2021 war dort erstmals ein Bereich für Foto-NFTs reserviert. Auf speziellen Screens, die der Hersteller Samsung »The Frame« (»Der Rahmen«) taufte, präsentierte ein Dutzend Galerien digitale Fotokunst.[3] Auf OpenSea kannst du dir diese Collection anschauen (https://opensea.io/collection/photobasel-nft-collection). Solche Ausstellungen oder auch die Versteigerung von Kunstwerken durch bekannte Auktionshäuser wie Sotheby's oder Christie's geben Hinweise auf vielversprechende Künstler oder für aus anderen Gründen ikonische Fotos. So versteigerte Christie's beispielsweise ein Foto, das das Model Emily Ratajkowski vor einem anderen Foto von sich selbst zeigt, für eine sechsstellige Summe. Das Foto im Foto war Ratajkowski zuvor gestohlen worden und von ihr zurückgekauft worden – eine Story, die als weibliche Selbstermächtigung das Verkaufsinteresse beflügelte.[4]

Die Fotografie musste lange darum kämpfen, überhaupt als Kunstform anerkannt zu werden. Heute bezweifelt niemand mehr, dass Fotos Kunst sein können. Künstler wie Cindy Sherman oder David Hockney erzielen Rekordpreise von mehreren Millionen Euro. Neben solchen absoluten Superstars gibt es natürlich auch

ABB. 8: Fotokunst –Twin Flames #66 von Justin Aversano

etwas weniger bekannte Fotografen, die es in die Ausstellungen renommierter Museen und Galerien schaffen oder deren Werke in speziellen Fotografie-Museen ausgestellt werden. Entdecken solche Fotografen (oder ihre Erben) die Welt der NFTs, können das interessante Investments sein. So wurden zum Beispiel auch ikonische Fotos des im Jahr 2004 verstorbenen Fotografs Alberto Rizzo von den Erben als NFTs veröffentlicht. Im November brachte die erst Tage zuvor gegründete NFT-Foto-Plattform »Quantum Art« eine Serie mit hundert seiner bekanntesten Bilder heraus. Der Veröffentlichungspreis lag bei 0,55 Ether. Während ich diese Zeilen schreibe, ist das günstigste ab 4 Ether zu haben.

Justin Aversano ist der erste Fotokünstler, auf den andere aus der NFT-Szene (allen voran Gmoney, inzwischen mein NFT-Freund) mich aufmerksam machten. Mit den »Twin Flames«, einer Serie von 100 Zwillingsporträts, will er nach eigener Aussage an seine Zwillingsschwester erinnern, die als Fehlgeburt nie das Licht der Welt erblickte. Inzwischen werden bis zu siebenstellige Summen für eines dieser Fotos aufgerufen. Aversano ist zudem Mitbegründer der oben erwähnten Plattform Quantum Art, der laut Eigenwerbung »ersten Blockchain-Plattform, die sich ausschließlich auf Fotografen und ihre Arbeit konzentriert und NFT-Kollektionen kuratiert und herausbringt«.[5] Der erste Marktplatz speziell für Foto-NFTs zu sein, das nimmt allerdings auch »Unique One Foto« für sich in Anspruch. Hier werden die Werke jedoch nicht kuratiert, sondern jeder kann seine Arbeiten präsentieren.[6] Auch große Zweitmärkte, allen voran OpenSea, bieten selbstverständlich Fotokunst an. Dieser Bereich wird bei den NFT-Sammlern und als Investment also weiter eine wichtige Rolle spielen. In meinem Portfolio befinden sich verschiedene Werke, die mir einfach gut gefallen und die sich zum Teil auch als Investments erfreulich entwickeln. Darunter befindet sich auch ein Twin Flames mit der Nummer 66, auf das ich besonders stolz bin (siehe Abbildung 8). Ich habe Justin selbst sehr früh kennenlernen dürfen, als seine Twin Flames noch für unter 1 Ether zu haben waren. Er hat sie mir damals wärmstens empfohlen, so wie das Künstler gerne machen. Die Wahrheit ist, zu dem Zeitpunkt hatte ich einfach das Geld nicht verfügbar. Erst Wochen später, als die Preise anfingen, davonzugaloppieren, habe ich mir ein Herz gefasst, Liquidität freigemacht und doch noch für 12 Ether (damals circa 20.000 Euro) ein Twin Flames erstanden. Im Nachhinein gesehen war das eine goldene Entscheidung, heute ist kein Twin Flames mehr unter 190 Ether, also umgerechnet circa 760.000 Euro zu bekommen.

Neben Fotokunst erzielen auch NFTs bekannter, im Netz kursierender Aufnahmen hohe Preise. Das »Disaster Girl« hast du in der Einführung schon kennengelernt. Ein anderes Meme ist »Success Kid«, die Aufnahme eines Kleinkinds am Strand, das gekonnt die Beckerfaust macht und dabei grimmig in die Kamera schaut. Es handelt sich um Sam, den damals elfmonatigen Sohn der Amerikanerin Laney Griner. Im April 2021 brachte das NFT des Schnappschusses von 2007 Mrs Griner bei einer Auktion auf der Plattform »Foundation« 15 Ether ein. Mitte November 2021 waren das rund 60.000 Euro.[7] Andere Foto-Memes mit Titeln wie »Bad Luck Brian«,

»Scumbag Steve« oder »Overly Attached Girlfriend« erzielten ebenfalls erstaunliche Preise.[8] Dasselbe gilt übrigens auch für manche Videos mit Titeln wie »Charlie bit my finger«. Das wurde im Mai 2021 von Charlies Familie für 760.000 US-Dollar versteigert.[9] Zuvor hatte es fast 900 Millionen Zugriffe im Netz. Jetzt ist es so privat wie der Picasso im Tresor eines Ölscheichs und nicht mehr öffentlich zugänglich. Vielleicht hat es der Familie inzwischen ein Häuschen finanziert. Fotos, die sehr viele Menschen amüsieren oder faszinieren, könnten daher ebenfalls ein lohnendes Investment sein.

Ich selbst habe in ein sehr berühmtes Meme-Foto investiert, das Bild des Hundes, dessen Konterfei alle Abbildungen der Kryptowährung Doge ziert. Elon Musk ist großer Promoter dieses Coins, der als reiner Spaßcoin gestartet ist und heute immer wieder Kurs-Achterbahnfahrten hinlegt, die für Anleger mal beeindruckend, mal erschreckend sind. Das Originalfoto, das die Besitzerin des Doge-Hunds erstellt hat, wurde nicht nur als NFT erschaffen. Über die Plattform fractional.art wurde dieser NFT »fraktionalisiert«, eine Vorgehensweise, die die Möglichkeit bietet, sich auch als Kleinanleger an sehr hoch bewerteten NFTs zu beteiligen. Dies geschieht in der Regel in Form von Coins. Man kauft also fungible, austauschbare Anteile an einem nicht fungiblen Werk. Im Falle des Doge-NFTs wurde hierfür der DOG-Coin erschaffen. Von ihm gibt es 16.969.696.969 Stück, man beachte die Meme-Zahl 69, weil sexuelle Anspielung hihi, ja, so kindisch ist die Kryptoszene. Der Stückpreis lag am 18.11.21 bei 0,000007 Ether. Natürlich habe ich einige Millionen Stück davon gekauft, schließlich ist das das bekannteste Meme der Welt.

NFT-Kunst: Von Beeple bis Pak

In der digitalen Kunst ist es nicht anders als auf dem klassischen Kunstmarkt: Jeder Sammler oder Investor träumt davon, einen Newcomer zu entdecken und mitzuerleben, wie seine Werke plötzlich weltberühmt und teuer werden. Ein Werk von van Gogh oder Beuys zu kaufen, sobald beide etablierte Stars in der Kunstszene sind – dazu braucht es keine Kennerschaft, keinen Riecher und kein Bauchgefühl. Sondern nur einen ziemlich dicken Geldbeutel. Aber eine mit starkem Strich flirrend auf die Leinwand geworfene Landschaft oder eine Ansammlung von wulstigen Bronzekötteln unter einem aufgehängten dreieckigen Objekt (wie bei Beuys »Blitzschlag mit Lichtschein auf Hirsch«) als herausragende Kunst zu erkennen, bevor der Rest der Welt genau derselben Meinung ist, das ist etwas ganz anderes. Dasselbe gilt auch für Digitalkunst. Um vorherzusagen, dass Beeple-Werke auch zukünftig hohe Preise erzielen werden, muss man kein Hellseher sein. Das ist ungefähr so sicher wie der Senf zur Weißwurst im Bayerischen Biergarten und im November 2021 prompt passiert, als Christie's für eine 2 Meter hohe Skulptur von Beeple, in der ein Astronaut durch die Landschaft schreitet und die den Titel »Human One« trägt, 28,9 Millionen US-Dollar erzielte.[10] Wäre das auch passiert, hätte es die »Everydays« nie gegeben? Wohl kaum. Und über den Hype um dessen Preis von 69 Millionen US-Dollar macht sich kaum jemand noch die Mühe zu fragen, warum die Everydays vielleicht wirklich besonders sind – nicht nur, weil es so viele Einzelbilder sind. Sondern auch, weil sie die kontinuierliche Entwicklung eines Künstlers zeigen, der schon über ein Jahrzehnt lang mit neuen Techniken experimentiert und der mit seiner Kunst teilweise drastische politische Aussagen und negative Zukunftsvisionen (Dystopien) verbindet, die offenbar den Nerv der Zeit treffen. Und was die meisten vergessen, ist die Leistung, die dahintersteckt, über einen Zeitraum von über 5.000 Tagen an jedem einzelnen Tag ein Bild anzufertigen, selbst an dem Tag, an dem die eigene Frau auf dem Weg ins Krankenhaus zur Entbindung ist.

Was die Urteilsbildung in Sachen digitaler Kunst erschwert: Die Community, die sich für NFT-Kunst interessiert, überschneidet sich in diesem frühen Stadium nur wenig mit der etablierten Kunstszene und ihren Meinungsführern. Galeristen beginnen gerade erst zu begreifen, dass auf dem Digital-Markt möglicherweise andere Spielregeln gelten als bei analoger Kunst. Bei Kryptokunst zählt beispielsweise die Community, die Anhängerschaft, die sich ein Künstler meist durch hohe Präsenz im Netz aufbaut. Auch das clevere Spiel mit digitalen technischen Möglichkeiten, das zur Interaktion mit dem Publikum genutzt wird, zeigt Wirkung. Dazu gehört nicht allein die »Drop Culture«, also das mehr oder weniger öffentliche Ankündigen neuer Werke, das Insidern einen Informationsvorsprung verschafft und Communitys zusammenschweißt. Es geht noch weitaus raffinierter. Pak ist einer der bekanntesten und zugleich rätselhaftesten Kryptokünstler, nur wenige kennen seine Identität. Pak inszeniert seine Kunst als komplexes Spiel mit dem Publikum, das sich selbst Eingeweihten nur schrittweise erschließt. Eines seiner Projekte, die »Lost Poets«, begann 2021 mit dem Verkauf von »Pages«. Mit zeitlichem Abstand konnten diese Pages in »Poets« umgetauscht werden, durch einen digitalen Algorithmus generierte Gesichter. Dabei blieb offen, ob es langfristig vielleicht sogar klüger sein könnte, seine Page zu behalten. Sammler konnten den erworbenen Poets Namen geben oder darauf verzichten und sie konnten Pages an die Poets »verfüttern« und so Worte bekommen, mit denen sich beispielsweise Gedichte verfassen ließen. Sie konnten die Pages sogar auf einer Website namens https://burn.art »verbrennen«, also zerstören, indem sie die Pages an eine Adresse auf der Blockchain schickten, auf die keiner zugreifen kann. Im Gegenzug dafür erhielten die Sammler »ASH«. ASH (also »Asche«) ist eine Kryptowährung, die Pak ins Leben gerufen hat, und neben Ether eine andere Währung, in der Poets gekauft werden konnten.

Auf der Projekt-Website https://lostpoets.xyz/ ist die vermeintlich »geheime« Roadmap (»The Secret Roadmap«) für jedermann öffentlich einsehbar. Über den IV. Akt »The Twist« heißt es darin: »Remember, this is a Pak project. Anything can happen.« Vielleicht ändern sich am Ende die Spielregeln radikal und bisherige Bewertungen werden auf den Kopf gestellt? Als »Spiel« bezeichnet Pak selbst seine Aktion auf der Website: »Lost Poets is an NFT collectible and a strategy game«. Kunstwerke zu Asche verbrennen, um Kryptogeld dafür zu erhalten, Kunstwerke eintauschen oder auch nicht, ihnen Namen geben oder auch nicht, eine eigene Währung kreieren und damit den Kreis der Käufer klein halten ... – Pak scheint mit den Konventionen des digitalen Kunstmarktes, mit den damit verbundenen Investitionshoffnungen und mit dem Exklusivitätsanspruch großer Kunst auf satirische Weise und ziemlich clever zu spielen. Das Rätselhafte verkauft sich dabei immer besonders gut, siehe Mona Lisa. Im Falle von Pak beginnt das Rätsel schon damit, dass kaum jemand wirklich weiß, wer sich eigentlich hinter »Murat Pak« verbirgt.

Inzwischen gibt es eine Reihe von Einzelkünstlern, deren NFTs regelmäßig sehr hohe Preise erzielen. Allen gemeinsam ist ein hoher Wiedererkennungswert der jeweiligen Werke, eine eigene Handschrift. Hier einige Namen, natürlich ohne jeden Anspruch auf Vollständigkeit:

- Beeple (eigentlich Mike Winkelmann): der absolute Superstar der Szene mit Werken wie »Everydays« oder »Human One«, siehe oben.
- XCOPY ist Londoner und Kryptokünstler der ersten Stunde. Seine cartoonartigen, oft schwarzgrundigen und praktisch immer flimmernden Werke haben hohen Wiedererkennungswert. Er gilt in der Krypto-Community als OG, also als Original Gangster. Seine Werke erscheinen in Editionen von mehreren hundert, aber auch als Unikate. Viele im NFT-Bereich träumen davon, ein XCOPY-Unikat zu besitzen, was angesichts sechs- bis siebenstelliger Verkaufssummen für die meisten ein Traum bleiben dürfte.[11] Ich selbst besitze vier Werke, drei davon aus größeren Serien, die günstiger zu haben waren (siehe Abbildung 9 und 10) und eine sehr kleine 27er-Edition, die inzwischen auch schon einen beeindruckenden Wert erreicht hat. Bei manchen hochpreisigen Kunstwerken besteht, wie schon erwähnt, auch die Chance, über eine »Fraktionalisierung« Anteile zu erwerben. So besitze ich über dieses Tool auch noch Anteile an einem XCOPY Unikat. Worauf du bei Fraktionalisierung achten musst, erkläre ich dir später noch.

ABB. 9 UND 10: Zwei Werke aus der Serie SAINT_LESS von XCOPY

- 3Lau (Künstlername von Justin Blau) ist ein bekannter DJ und Musikproduzent. Er vermarktet seine Musik in unterschiedlicher Form als NFT, beispielsweise als streng limitierte Version eines Erfolgsalbums (»The Ultraviolet Collection«, 33 Exemplare), als Versteigerung eines gemeinsam erstellten Song-Unikats an den Meistbietenden oder als Exklusivzugang zu unveröffentlichten Songs.[12] Seit Neuestem veröffentlicht er Musikstücke als NFTs, an deren Einnahmen die Besitzer beteiligt werden. Auch ein interessantes Konzept.

- Fewocious: Victor Fewocious ist ein erst 18-jähriger Shooting-Star, der in Seattle lebt und in weniger als einem Jahr nach eigenen Aussagen über 17 Millionen Dollar mit seinen bonbonbunten, stark verfremdeten und erst auf den zweiten Blick teilweise verstörenden Selbstbildnissen erzielte.[13] Fewocious thematisiert seine Erfahrungen als Transperson. Im Sommer 2021 wurden etliche seiner Werke bei Christie's versteigert, zu Preisen um 400.000 US-Dollar.[14]

- Hackatao: Auch das italienische Künstlerduo hat eine unverwechselbare Handschrift mit kleinteiligen Schwarz-Weiß- und Farbzeichnungen in Kombination mit Pop-Art-Elementen.

Der Kunstname setzt sich aus »Hack« (wörtlich: eindringen, hacken) und »tao« (für die Verschmelzung der Gegensätze von Ying und Yang) zusammen. Seit 2007 gibt es Hackatao, Anfang 2018 entdeckten sie die Kryptowelt für sich. Bekannt ist unter anderem ihr Video »Hack of a Bear«, in dem sie eine Zeichnung von Leonardo da Vinci im eigenen Stil verfremdeten und für das auf der Plattform SuperRare 155 Ether geboten wurden. Wirklich sehenswert![15]

- Pak (genauer: Murat Pak, dessen Identität aber im Dunkeln bleibt) ist ein Superstar, mit Werken wie den »Lost Poets« oder auch »The Fungible Collection«. Diese Kollektion besteht aus geometrischen Objekten, die im Frühjahr 2021 über das Portal Nifty Gateway in Kooperation mit Sotheby's verkauft wurden. Ein Würfel, wie ich ihn erstanden habe, kostete damals 500 US-Dollar. Nachdem aber immer mehr Menschen ihre »Cubes« zerstören, um damit die Währung ASH zu bekommen, hat deren Wert rasant zugelegt, weil sie immer seltener werden. Zum aktuellen Zeitpunkt kostet ein Exemplar umgerechnet rund 30.000 Euro. Auch mit einer Veröffentlichung unter dem Titel »merge« sorgte Pak für Aufsehen. Dazu findest du auf YouTube Videos von mir. Weitere Infos zu den Lost Poets und zu Paks verrätselten Aktionen, die Hunderttausende in ihren Bann ziehen, siehe oben.

Wie gesagt, das ist nur ein kleiner Ausschnitt aus der Szene. Um ein besseres Gefühl für diesen Bereich zu bekommen, folge Künstlern, die dich interessieren, auf Twitter oder tritt ihren teilweise exklusiven und zutrittsbeschränkten Discords bei. Dauerhaft erfolgreiche Künstler haben in der Regel eine Botschaft oder ein Anliegen und eine klar erkennbare eigene Handschrift. Schau dir an, wie groß und wie aktiv ihre Community ist und wer ihr angehört. Findest du bekannte Namen oder sind das lauter Nobodys? Tausch dich mit erfahrenen Menschen in der Krypto-Szene aus und scheue dich auch nicht, Kontakt zu neuen Künstlern über Direktnachricht bei Twitter aufzunehmen. Ein Warnsignal können anonyme Teams sein, die den Eindruck vermitteln, ihnen ginge es nur ums Geld, und Projekte, die erkennbar ein Erfolgsmodell kopieren und etwas sehr Ähnliches schaffen. Wobei Ausnahmen auch hier die Regel bestätigen: Das Team hinter den Bored Apes ist auch heute noch weitgehend anonym.

Generative Art: Von Autoglyphs bis Chromie Squiggles

Der NFT-Boom hat auch »generativer« Kunst große Aufmerksamkeit verschafft. Gemeint sind Kunstwerke, die auf der Basis komplexer Codes selbstgesteuert (computergeneriert) entstehen. Dabei ist jedes Werk der dabei erzeugten prinzipiell unendlichen, aber meist limitierten Serie ein Unikat. Der Künstler wird hier also zum Programmierer (oder der Programmierer zum Künstler). Auch er selbst kann nicht voraussehen, welches Werk sein digitaler Gehilfe als Nächstes generiert. Aber können Computer Kunst? Darüber lässt sich trefflich streiten. Andererseits ist die Frage, ob etwas Kunst ist oder nicht, wahrscheinlich so alt wie die Kunst selbst. Vermutlich gab es schon in der berühmten Höhle von Lascaux Steinzeit-Nörgler*innen, die die heute bewunderten Tierzeichnungen und Handabdrücke für Schmierereien hielten.

Die NFT-Welt ist wie geschaffen für Generative Art. Künstler treffen hier auf ein Publikum, das digitaler Technik sehr positiv gegenübersteht und bereits mit ihr vertraut ist. Auch können die zugrunde liegenden Codes direkt auf der Blockchain verankert werden. Das NFT ist hier also mehr als ein Echtheitszertifikat für eine ausgelagerte Datei; es beherbergt, für immer in digitalen Stein gemeißelt, den Code für das Kunstwerk selbst. Als führender Marktplatz für generative Kunst hat sich Art Blocks etabliert, eine Plattform, auf der regelmäßig neue Projekte vorgestellt und zum Kauf angeboten werden. Dabei »mintet«

der Käufer auf der Basis eines ersten, zur Ansicht bereits erzeugten Kunstwerks blind sein eigenes Werk. Was er dann genau bekommt, ist eine Überraschung, denn die programmierten Codes lassen ja unendliche Variationen zu. Allerdings sind die jeweiligen Projekte auf eine begrenzte Serie (meist um 1.000 Mints) beschränkt. Auch der spielerische Wundertüten-Effekt spricht die Gaming-affine NFT-Community natürlich an. Art Blocks ist eine größtenteils kuratierte Plattform. Das bedeutet, hier kann nicht jeder einfach seine Kunst zum Verkauf anbieten – er oder sie muss von einem Gremium ausgewählt werden. Nur, wer schon eine Arbeit bei den »Curated Projects« platzieren konnte, darf anschließend auch im unkuratierten Bereich ein selbstgewähltes Werk anbieten. Solche Projekte sind mit einem eingekreisten »P« (für »artists' playground collection«) gekennzeichnet. Auch bei der Generative Art möchte ich wieder ein paar Künstler vorstellen, deren Werke dir bei deiner Urteilsbildung helfen können.

▪ Ein OG im Bereich der Generative Art ist Erick Snowfro, der Gründer von Art Blocks. Seine »Chromie Squiggles« habe ich am Anfang des Buches schon beschrieben – leuchtende, sich bewegende und ständig die Farbe verändernde »Schläuche«, die inzwischen auf dem Zweitmarkt locker über 20.000 US-Dollar kosten. Insofern bin ich froh, selbst auch zugeschlagen zu haben, allerdings habe ich drei zum Gesamtpreis von nur einem Ether gekauft. ◕

ABB. 11: Chromie Squiggle #1705 von Erick Snowfro

Aufsehen erregte auch Aaron Penne mit seinen »Apparitions«, Bildern, die bunte, wellenförmige, dynamische Gebilde darstellen. Penne ist Elektroingenieur und »Director of Engineering« bei Art Blocks. Inspiriert wurde er übrigens durch einen längst verstorbenen Berufskollegen, Levi Walter Yaggy, einen Publizisten und Verleger vor allem von Landkarten. Ende des 19. Jahrhunderts veröffentlichte Yaggy geologische Darstellungen bunter Erdschichten, die tatsächlich sehr an Pennes »Apparitions« erinnern.[16] Ich bin sehr stolz, einige seiner Werke zu besitzen, die auch schon eine beachtliche Wertentwicklung hingelegt haben. Eines davon habe ich sogar selbst gemintet.

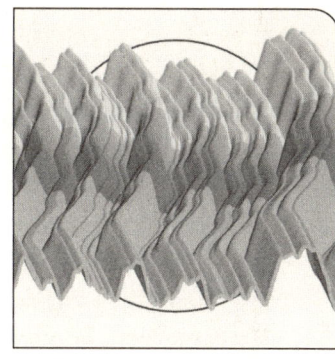

ABB. 12 UND 13: Zwei »Apparitions« von Aaron Penne

Spektakuläre Preise erzielen bereits die »Autoglyphs«, ein Projekt der Larva Labs. Ja, das sind die, die auch die CryptoPunks verantworten. Auf ihrer Website wird die auf 512 Exemplare beschränkte Serie als die erste »›on-chain‹ generative art on the Ethereum blockchain« beschrieben.[17] 2019 für nur 0,2 Ether (damals 835 US-Dollar) zu minten, sind Autoglyphs heute auf dem Zweitmarkt millionenteuer. Das dürfte dich inzwischen nicht mehr wundern, denn sie sind schließlich OG und reklamieren für sich noch dazu, in einem wichtigen Kunstbereich die Ersten gewesen zu sein.

Wie ein Autoglyph aussieht? Man könnte es als schwarz-weißes, kleinteiliges und symmetrisches Muster beschreiben. Am besten, du schaust es dir einfach an: https://opensea.io/collection/autoglyphs

.▪ Wenn du mit Autoglyphen wenig anfangen kannst, gefallen dir vielleicht die »Ringers« von Dmitri Cherniak. Cherniak ist ein kanadischer Computerwissenschaftler und Programmierer, dessen Ringers-Serie aus streng komponierten Konfigurationen besteht, bei denen eine Linie oder Schnur ringförmig um Punkte geführt wird, mit einer erstaunlichen Vielfalt von Variationen. Das von Art Blocks kuratierte Projekt ging mit Preisen von bis zu mehreren Millionen US-Dollar förmlich durch die Decke.[18] Mir gehört leider keins der insgesamt tausend Objekte. Ich hatte damals den Finger an der Maus und wollte eines für 3 Ether kaufen, dann war es mir doch zu teuer. Wie würden jetzt einige in der Szene zu mir sagen: You are NGMI, Not Gonna Make It. Für einen optischen Eindruck muss ich dich auch hier wieder ins Internet bitten: https://opensea.io/collection/ringers-by-dmitri-cherniak

.▪ Wiederum ganz anders sehen die Werke des texanischen Digitalkünstlers und Malers Tyler Hobbs aus. Seine »Fidenza«-Serie besteht aus 999 farbigen Bildern, auf denen sich Schläuche, Stränge oder Rechtecke fast organisch miteinander verweben. Wer hätte gedacht, dass Algorithmen ein derartiges scheinbar unberechenbares optisches Chaos erzeugen können? (Und wer, dass Nerds einmal so cool werden könnten??) Ein Werk aus der Fidenza-Reihe namens »The Tulip« (»Die Tulpe«) wechselte übrigens für 3,3 Millionen US-Dollar den Besitzer.[19] Hobbs gehört zu den bekanntesten Künstlern in der Generative-Art-Szene. Hier findest du die Sammlung: https://opensea.io/collection/fidenza-by-tyler-hobbs

»Also, je länger ich mir das anschaue, desto willkürlicher wirkt Generative Art auf mich – als ob alles, was ein Computer in Serie ausspuckt, Kunst wäre ...«

»Kunst in Serie gibt es nicht erst im Computerzeitalter. Alexej von Jawlensky (geboren 1864) malte in seinem Spätwerk eine Reihe abstrakter Köpfe und variierte dabei systematisch die immer gleichen grafischen Elemente. Heute würde er vermutlich mit generativer Kunst experimentieren. Mit grafischen Elementen arbeitete auch Wassily Kandinsky und schuf so eine Reihe von ›Komposition‹ genannten Bildern. Und Jackson Pollock, einer der bedeutendsten Maler des 20. Jahrhunderts, hätte sich und seiner Frau wahrscheinlich eine Menge Sauerei im Haus erspart, wenn er beim ›Action Painting‹ nicht wild Farbe auf Leinwände gespritzt, sondern seine expressiv-abstrakten Gemälde an einen Code delegiert hätte.«

Ob digital oder analog – die Kunstwelt ist bunt, vielfältig und schwer vorhersehbar. Der klassische Kunstbetrieb wird dominiert von renommierten Sammlern, studierten Kunstexperten, erfahrenen Galeristen und etablierten Museen. Kryptokunst sprengt diesen Rahmen, sie ist (noch) anarchisch und zugleich demokratischer als der traditionelle Markt. Du musst nicht bei Christie's mitsteigern, mit Experten korrespondieren oder in eine Galerie spazieren und dich dort wegen deines Hoodies und der durchgelatschten Sneakers komisch ansehen lassen – du kannst den Markt vom eigenen Sofa aus sondieren und ein Kunstwerk erwerben. Zugleich zieht NFT-Kunst durch die Koppelung an Kryptowährungen neue, spekulationsfreudige Interessenten an, die die Preise auch kurzfristig in die Höhe treiben. All das musst du wissen, wenn du hier mitspielen willst. Garantien gibt es keine. Aber unendliche Möglichkeiten.

Zusammengefasst: Was beeinflusst den Wert eines NFTs?

Abschließend hier eine Checkliste, die dir bei der Einschätzung von Kunstwerken hilft. Zusätzlich werde ich im nächsten Kapitel, in dem ich Verkaufsplattformen wie OpenSea genauer vorstelle, darauf eingehen, welche dort abrufbaren Eckdaten eine Bestimmung der möglichen Wertentwicklung erleichtern. Für den wichtigsten Faktor hingegen brauchst du weder eine Checkliste noch eine Verkaufsstatistik: Gefällt dir das Werk? Eine künstlerische Arbeit, die du cool findest, wird für dich nie wertlos sein. Denn auch, wenn dir niemand hohe Summen dafür bietet, wirst du sie dir immer wieder gern anschauen – und sicher irgendwann stolz auf einem Screen in deiner Wohnung präsentieren.

CHECKLISTE KRYPTOKUNST: Könnte das ein interessantes Investment sein?	Ja	Nein
Ganz spontan: Gefällt dir dieses Werk?		
Ist daran etwas neu und originell?		
Hat der Künstler oder das Team im Hintergrund im NFT-Bereich bereits einen Namen? (Warnsignal: ein anonymes Team – allerdings nicht immer, siehe Bored Ape Yacht Club als Gegenbeispiel)		
Steckt ein anerkannter traditioneller Künstler dahinter?		
Werden bisherige Werke des NFT-Teams, Kryptokünstlers oder traditionellen Künstlers zu hohen Preisen gehandelt?		
Interessieren sich Influencer aus der Kryptoszene auf Twitter und in Discord für dieses Werk?		

Sammeln Stars aus der Szene bereits Werke dieses Teams/Künstlers? ☐ ☐

Gibt es eine »Utility«, einen Zusatznutzen, der das Projekt zusätzlich aufwertet (z. B. als Eintrittskarte zu einem exklusiven Kreis oder einer Veranstaltung)? ☐ ☐

Hat das Team/der Künstler einen Twitter- oder Discord-Account mit vielen Followern, die auch aktiv sind (Vorsicht vor Social Bots)? ☐ ☐

Was sagen die User in einschlägigen Discord-Servern zum Projekt, wie zum Beispiel im CryptoPunks Discord. ☐ ☐

Trifft sich dort eine kunstinteressierte Community, die sich inhaltlich mit dem Projekt auseinandersetzt? (Warnsignal: Es geht ausschließlich um Geld.) ☐ ☐

Hat das Team/der Künstler eine interessante Roadmap für das Projekt (z. B. durch geplante Kooperationen, Events, Konferenzen)? ☐ ☐

Quellen

1 https://www.techtimes.com/articles/264857/20210901/top-10-most-expensive-cryptopunks-nfts-sold%E2%80%94-11-million-as-the-highest.htm
2 https://www.dorotheum.com/de/l/2556004/
3 https://invidis.de/2021/09/nft-auch-der-verkauf-von-fotokunst-wird-digital/
4 https://www.welt.de/icon/mode/article231579103/Model-Emily-Ratajkowski-versteigert-NFT-fuer-175-000-Dollar-bei-Christie-s.html#Comments
5 Vgl. https://www.quantum.art/
6 Vgl. https://www.uniqueone.photo/
7 Vgl. https://foundation.app/@successkid/~/21262
8 https://mashable.com/article/classic-memes-sold-nft-prices
9 https://t3n.de/news/nft-verkauf-meme-klassiker-charlie-bit-my-finger-1380586/
10 https://www.nzz.ch/feuilleton/der-nft-kuenstler-beeple-ist-der-neue-star-der-new-yorker-auktionen-ld.1654999
11 Vgl. https://superrare.com/xcopy
12 https://nft.3lau.com/#/auction
13 https://fewocious.com/about/
14 https://onlineonly.christies.com/s/hello-im-victor-fewocious-my-life/lots/2048
15 https://superrare.com/artwork-v2/hack-of-a-bear-25999
16 https://medium.com/geekculture/the-power-of-generative-art-in-the-nft-space-2e92221dd702
17 https://www.larvalabs.com/autoglyphs
18 https://opensea.io/collection/ringers-by-dmitri-cherniak?tab=activity
19 https://www.forbes.com/sites/leeorshimron/2021/09/08/the-nft-generative-art-movement-is-challenging-how-we-think-about-value/

IN NFTS INVESTIEREN – WIE GEHT DAS GANZ PRAKTISCH?

———— Auch wenn NFTs inzwischen auf manchen Marktplätzen wie zum Beispiel Nifty Gateway in US-Dollar gekauft werden können: Ganz überwiegend wird das NFT-Geschäft über Kryptowährungen abgewickelt, und dort vor allem in Ether (ETH). Doch für viele Menschen ist die Kryptowelt ungefähr so weit weg wie der untergegangene Planet Krypton aus den Superman-Comics. Die gute Nachricht: Übermenschliche Fähigkeiten sind nicht erforderlich, um sich mit Ether, Bitcoin und Co. zurechtzufinden. Es ist eher wie beim Autofahren: beim ersten Mal stressig, wenig später reine Routine. In diesem Kapitel bekommst du die nötigen Fahrstunden für die Kryptowelt. Also anschnallen und los!

Euro in Ether & Co. tauschen: Kryptobörsen

Um Euro in eine Kryptowährung wie Ether zu tauschen, gehst du an eine Börse (englisch »Exchange«). Das ist wie bei Aktienanlagen, die über Börsen gehandelt werden – auch Kryptowährungen sind für viele Anleger ja ein Investitionsobjekt. Und dass die Preisentwicklung bei NFTs auch vom Etherkurs mit getrieben wird, habe ich schon erwähnt. Man unterscheidet im Kryptobereich zwei Formen von Börsen:

- Centralized Exchange (CEX),
- Decentralized Exchange (DEX).

Hinter einer zentralisierten Börse (CEX) steht ein klassisches Unternehmen, das die Käufe und Verkäufe abwickelt und den üblichen Support bietet. Schon im eigenen Interesse wird hier auf Nutzerfreundlichkeit geachtet. Das bedeutet, man findet sich auch als Neuling leichter zurecht. Beispiele für eine CEX sind Binance, Bitpanda, BuyNet, Coinbase, Kraken. Eine dezentralisierte Börse (DEX) ist dagegen ein Programm auf der Blockchain (wo auch sonst ●), das einmal aufgesetzt wird und dann automatisch weiterläuft. Das heißt, es gibt keine Institution, an die du dich wenden kannst, wenn du Fragen hast. Durch die Dezentralisierung kann das System weniger leicht gehackt werden, die Gebühren sind niedriger und Anleger genießen Anonymität, da eine DEX nicht der üblichen Finanzaufsicht unterliegt. Diese Anonymität ist übrigens nur gewährleistet, bis jemand das Geld an eine CEX schickt, um es sich auszahlen zu lassen – etwas, worüber der eine oder andere, dann doch nicht ganz so intelligente Verbrecher stolpert. Beispiele für eine DEX sind Uniswap, SushiSwap, PancakeSwap oder 1inch. Auf einer CEX werden alle bekannteren Kryptowährungen gehandelt. Neue Coins dagegen kannst du häufig zunächst nur auf einer DEX kaufen. Entwickelt ihr

Wert sich positiv, sind sie dann auch auf einer CEX zu haben – was den Kurs in der Regel weiter steigen lässt.

Beispiel Kraken

Ich selbst tausche meine Euro in Kryptowährungen auf Kraken, deren Website leicht zu verstehen ist. Die Funktionen einer Kryptobörse werde ich dir daher an diesem Beispiel erklären. Natürlich kannst du auch eine andere anerkannte Börse für deine Transaktionen wählen. Kraken wickelt Transaktionen über die Fidor Bank ab – was nicht bedeutet, dass du dort ein Konto haben musst. Wichtig zu wissen ist aber: Wenn du bei Kraken oder einer anderen CEX für eine Eurosumme Bitcoin, Ether oder andere Coins erwirbst, liegen deine BTC oder ETH in einer der digitalen Wallets (Geldbörsen) von Kraken. Diese Wallets sind übrigens ebenfalls öffentlich einsehbar. Auch wenn es in deinem digitalen »Kontoauszug« bei Kraken erscheint, hast du so nicht die volle Kontrolle über dein Kryptogeld. Wenn Kraken offline ginge oder gehackt würde, wäre alles weg – nicht anders übrigens als bei deiner Bank, wo du bei einer drohenden Bankenpleite auch nicht mehr an dein Guthaben kommen würdest. Allerdings greift hier bis 100.000 Euro in der Regel die Einlagensicherung.

MetaMask und Ledger

In der Kryptoszene gibt es den Spruch »Not your keys, not your coins«, frei übersetzt: »Kein persönlicher Zugangsschlüssel (auch private key genannt), kein eigenes Geld«. Nur, wenn du deine Ether, Bitcoin oder andere Coins in deiner persönlichen Wallet aufbewahrst, zu der nur du den Zugangsschlüssel besitzt, nur dann »gehören« sie wirklich dir und sind sicher verwahrt. Vorausgesetzt natürlich, du gehst sorgsam mit deinen Zugangsdaten um. Auch das ist wie im traditionellen Bankgeschäft, wo man den Zettel mit der Geheimzahl für die Bankkarte ja auch nicht unbedingt im Seitenfach seines Geldbeutels aufbewahren sollte. Die am weitesten verbreitete private Wallet im NFT Bereich ist die MetaMask, deren Funktionsweise ich dir im nächsten Abschnitt vorstelle. Du solltest dein Geld also niemals bei Kraken oder einer anderen Börse liegen lassen, sondern auf deine eigene Wallet-Adresse auf der Blockchain transferieren, auf die du dann mit deiner MetaMask zugreifen und so bei entsprechenden Verkaufsplattformen wie OpenSea NFTs erwerben kannst. Auch das erkläre ich dir später noch genauer. Der Zugriff auf die MetaMask kann noch zusätzlich abgesichert werden, indem du eine Art USB-Stick namens »Ledger« benutzt (benannt nach der ausgebenden Firma). Dieser USB-Stick ist also nicht die Wallet, sondern lediglich der Schlüssel dazu, mit einer ziemlich anspruchsvollen Verschlüsselung über eine dir zugeteilte willkürliche Folge von 24 Worten, die du vorsichtshalber nicht digital, sondern auf einem gut versteckten Blatt Papier aufbewahren solltest (siehe auch die Sicherheitshinweise zur MetaMask weiter unten). Kaufen solltest du einen solchen Stick unbedingt nur beim Hersteller direkt unter www.ledger.com, niemals anderswo oder gar gebraucht. Du kannst die MetaMask durchaus auch ohne Ledger verwenden. Dafür vergibst du dir bei Einrichtung der MetaMask selbst ein Passwort. Ich rate dir hier zu einem sehr sicheren, also bitte nicht »1234« oder »Mama1951«. Solltest du dieses Passwort verlieren, kannst du die MetaMask immer wieder über die sogenannte Seedphrase herstellen. Das sind in diesem Fall »nur« zwölf Worte, die du dir ebenfalls auf Papier notieren solltest. Bitte nicht online speichern, nicht abfotografieren und niemals irgendwo einfach so im Netz eingeben. BITTE! Bevor du an einer anderen Stelle als beim Einrichten deiner MetaMask auf einer Seite nur ansatzweise darüber nachdenkst, diese zwölf Worte irgendwo einzugeben, konsultiere einen Menschen, der sich damit auskennt und dem du zu 100 Prozent vertraust.

Anmeldung bei Kraken

Falls du dich wie ich für Kraken als Kryptobörse entscheidest, verifizierst du dich bei der Anmeldung am besten komplett. Du kannst wie gesagt auch mit anderen Börsen arbeiten. Ich habe die Erfahrung gemacht, dass Kraken sehr zuverlässig ist und auch der Support schnell reagiert, wenn man ihn mal braucht (was eher selten der Fall ist). Bei der Anmeldung bietet dir Kraken drei Verifizierungsmöglichkeiten: »Starter«, »Intermediate« und »Pro« als umfassendste Variante. »Pro« hat den Vorteil, dass Transfers nicht limitiert sind und du bist zu 10 Millionen pro Tag verbuchen kannst. Das ist ziemlich praktisch, denn wer weiß – vielleicht sind deine NFTs eines Tages mal so viel wert, und dann steht dir beim Verkauf keine Limitierung im Weg. ● Mein Tipp lautet also: Mach dir einmal die

Mühe und verifiziere dich komplett. Zu einer solchen Verifizierung sind Finanzinstitute nach dem Prinzip KYC (»Know your customer«, kenne deine Kunden) übrigens verpflichtet. Achtung, nach der Anmeldung und Verifizierung auf Kraken mit Foto, Ausweis usw. kannst du dein erstes Geld darauf überweisen. Allerdings dauert es 72 Stunden, bis du beispielsweise Ether auf deine MetaMask schicken kannst. Das ist nur bei der ersten Einzahlung so und später nie wieder. Also nicht nervös werden, wenn deine schönen, frisch gekauften Ether sich nicht auf die MetaMask überweisen lassen! Ich formuliere das ab jetzt übrigens so, auch wenn technisch deine Ether nicht auf die MetaMask überwiesen werden, sondern auf eine Wallet-Adresse, auf die du lediglich mit der MetaMask zugreifst.

Euro vom eigenen Konto auf Kraken transferieren

Bisher existiert die Kraken-Website noch nicht auf Deutsch. Offenbar lohnt sich die Übersetzung für die überschaubare Zahl der Krypto-Insider im deutschsprachigen Raum nicht. Beim folgenden Screenshot meines Accounts übersetze ich dir einige wichtige Begriffe, die dir aber wahrscheinlich schon begegnet sind, wenn du im Ausland mal Geld am Bankautomaten abgehoben hast. Wenn du Euro auf Kraken transferieren willst, gehst du in der oberen Zeile auf »Funding« (Finanzierung) und dann in der linken Spalte auf »Deposit« (hinterlegen, einzahlen). Dort kannst du die Eurosumme einge-

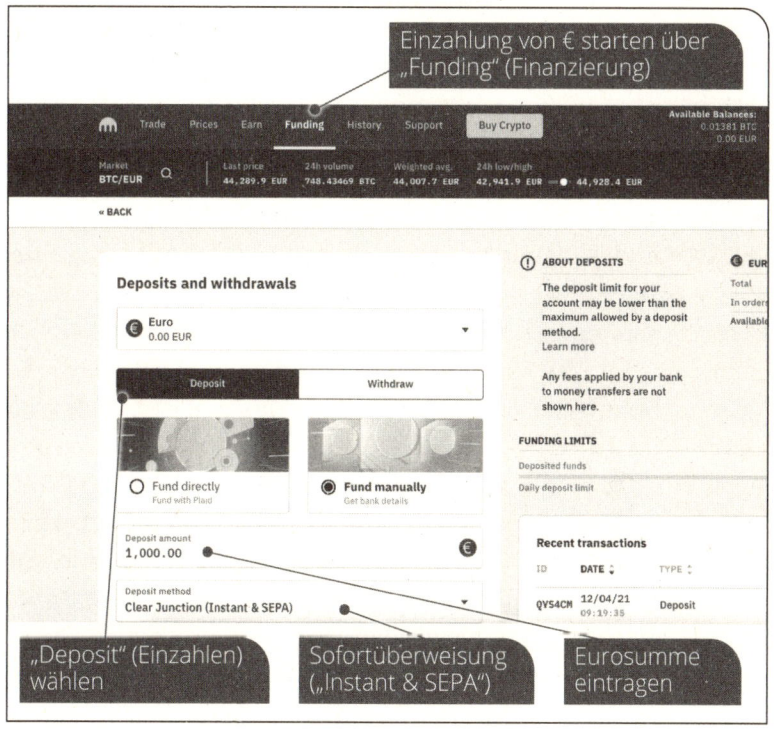

ABB. 14: Transfer von Euro auf die Kryptobörse Kraken

ben, die du transferieren möchtest. Ich mache das in der Regel per Sofortüberweisung, wähle also »Clear junction (Instant & SEPA)« in der Zeile darunter. Darunter erscheint dann die Bankverbindung, auf die dein Geld transferiert wird (Payward Ltd. mit Adresse) und darunter dann die individuelle Referenznummer deiner Zahlung (»Reference«). Diese Referenz ist wichtig, sie muss exakt so in den Betreff deiner Überweisung eingetragen werden (vgl. Abbildung 14).

Achtung: Du solltest bei Kraken niemals exakt dieselbe Summe mehrfach überweisen, also beispielsweise heute 1.000 Euro, morgen noch einmal 1.000 Euro und übermorgen ein drittes Mal. Kraken unterstellt bei identischen Summen einen Fehler (eine irrtümliche Doppelüberweisung) und friert solche Aktionen ein. Statt »Success« (also »Erfolg« für eine erfolgreiche Transaktion) erscheint dann in der Liste der Transaktionen rechts der Vermerk »On Hold« (»In Wartestellung«). Um die Transaktion in diesem Fall zu Ende zu bringen, musst du den Kraken-Support kontaktieren, der das dann innerhalb von zwei Werktagen erledigt. Solche unnötigen Verzögerungen kannst du ganz einfach verhindern, indem du nicht dreimal hintereinander 1.000 Euro überweist, sondern einmal 1.000, einmal 999 und einmal 1.001 (oder ähnlich). Das gilt übrigens auch für Überweisungen in größeren Zeitabständen: Verzichte auf identische Summen, um Verwirrung zu vermeiden.

Euro auf Kraken in Ether umtauschen

Wie wechselst du nun Euro, die du auf Kraken transferiert hast, in Ether? Zunächst gehst du wieder auf »Funding« und schaust unter »Recent transactions« (jüngste Transaktionen) nach, ob dein Geld angekommen ist. Dann wird die überwiesene Summe mit dem Vermerk »Success« in der rechten Spalte versehen. Zum Wechseln gehst du nun auf den »Trade«-Button oben links. Ganz oben unter dem Stichwort »Market« wird das jeweilige Währungspaar angegeben. Über die Lupe daneben kannst du das von dir gesuchte auswählen, in diesem Fall ETH/EUR. Du wählst die Order-Option, wobei »simple« (einfach) für unsere Zwecke reicht. »Limit« bedeutet, dass du den Kaufpreis für 1 Ether nach oben deckelst, also sagst: »Kaufe 1 ETH für nicht mehr als x Euro«. Liegt der Etherkurs längere Zeit über diesem Limit, verzögert das deine Order oder es verhindert sie sogar komplett, wenn der Kurs dauerhaft über dem von dir gesetzten Limit bleibt. Da ich normalerweise relativ zügig Ether für meine Euro erhalten will, um NFTs zu kaufen, ordere ich sie eher zum Marktpreis und wähle »Market« aus. Abhängig von der Eurosumme, die du tauschen willst, gibst du unter »Amount« (Betrag) die entsprechende Ethersumme ein, reduzierst oder erhöhst also die Stellen hinter dem Komma – das bei Kraken (und ganz oft im US-amerikanisch geprägten Kryptobereich) übrigens ein Punkt ist (also 2.1 ETH, *nicht* 2,1 ETH). Wenn unter »Total« die Eurosumme

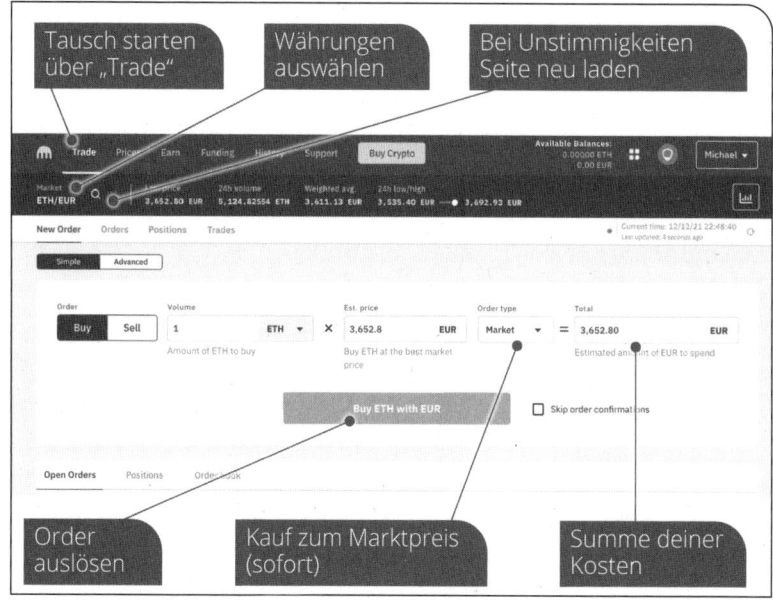

Abb. 15: Tausch von Euro in Ether auf Kraken

erscheint, die du ausgeben willst, klickst du unten auf »Buy ETH with EUR« (Kaufe Ether mit Euro). Und da es ein Kauf zum aktuellen Marktpreis ist, geht das blitzschnell. Erst einmal erscheint ein Kontrollfenster, in dem du noch mal alle eingegebenen Daten prüfen kannst. Wenn alles stimmt, klickst du auf »Submit Order« (Order ausführen), und im nächsten Moment ist das auch schon passiert. Das siehst du unter der Überschrift »Closed Orders« (abgeschlossene Orders), wo diese Transaktion dann ganz oben in der Liste auftaucht. Unter »Funding« wiederum kannst du in der Liste »Account Balances« (Kontostände) sehen, dass deine Euro weniger und deine Ether mehr geworden bzw. überhaupt jetzt erst vorhanden sind.

Noch ein Tipp, der dir viel Zeit und Nerverei ersparen kann: Wenn beim Etherkurs eine irritierend hohe Summe erscheint, wird womöglich irrtümlich der Bitcoinkurs angezeigt. Das ist ein Bug, ein Programmierfehler, den Kraken irgendwie nicht in den Griff bekommt. Klicke einfach auf den kreisförmigen Pfeil neben dem »Market«-Symbol oben und lade die Seite neu. Dann stimmt alles. So – damit bist du stolzer Besitzer von Ether, alles gar nicht so schwer! Ich rate dir trotzdem, solche Transaktionen erst einmal mit einer kleinen Summe durchzuspielen, damit du sicher sein kannst, dass alles klappt. Was du außerdem wissen musst: Du kannst Kryptowährungen nur innerhalb desselben Systems überweisen. Wenn du Ether auf eine Bitcoin-Adresse zu transferieren versuchst oder umgekehrt, ist das Geld weg. Unwiederbringlich und nicht einmal bei einem anderen. Wahrscheinlich treibt es als Kryptoschrott durch den Cyberspace.

Falls dir das alles jetzt zu schnell ging: Kraken hat einen ausführlichen »Support«-Bereich mit vielen Erklärungen (https://support. kraken.com/hc/en-us). Wenn du gut Englisch (oder Chinesisch, Französisch, Portugiesisch, Spanisch) kannst, findest du dort weitere Informationen. Und für Mitglieder meines NFT-Mentoring-Kurses habe ich zwei Videos veröffentlicht, in denen ich am Bildschirm die Transaktionen zeige. Wenn dich mein Mentoring interessiert: Infos dazu gibt es in einem kurzen Vorgespräch mit mir oder jemandem aus meinem Team, das du unter https://covl.io/nft buchen kannst.

Kryptowährungen aufbewahren: Wallets wie die MetaMask

Eine »Wallet« ist eine digitale Geldbörse. Die brauchst du, um im Kryptobereich am Business teilzunehmen, beispielsweise um NFTs zu kaufen oder dezentralisierte Finanzgeschäfte abzuwickeln. Die MetaMask ist die älteste Ethereum-Wallet und mit inzwischen über 21 Millionen Nutzern weltweit auch die mit der größten Verbreitung. Ein großer Vorteil der MetaMask ist, dass du mit dieser Wallet direkt an NFT-Märkte wie OpenSea und andere dezentralisierte Anwendungen andocken kannst und so mit ein paar Mausklicks Transaktionen durchführst (beispielsweise ein NFT bezahlst). Du musst also

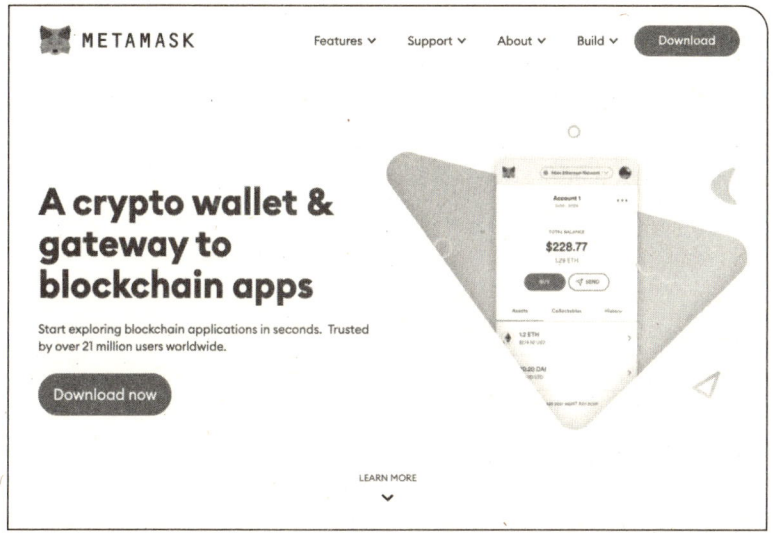

ABB. 16: Startseite der MetaMask (https://metamask.io)

nicht jedes Mal mühsam Namen und Adressdaten eingeben, sondern nur deine Wallet verlinken. Das ist im Übrigen einer der größten Unterschiede zwischen Web 2.0, wo du überall Benutzernamen und Passwort brauchst, und Web 3.0 (oder schlicht Web3), in dem du eben ganz einfach deine Wallet verbindest. Technisch gesehen ist die MetaMask eine Browser-Erweiterung (Browser-Extension). Sie funktioniert außer auf dem Chrome Browser auch auf einigen anderen wie Firefox und Edge, Brave. Inzwischen gibt es auch Handy-Anwendungen für iOS und Android. Aus Sicherheitsgründen würde ich dir jedoch eine Installation auf deinem (gesicherten) PC empfehlen. Ich persönlich würde die MetaMask nie auf dem Handy nutzen. Optisch erkennst du die MetaMask an einem orangen Fuchskopf (vgl. Abbildung 16)

Die eigene MetaMask einrichten

Eine MetaMask einzurichten ist vergleichsweise einfach. Wenn du dich einigermaßen routiniert im Netz bewegst und schon die eine oder andere Anwendung auf deinem PC installiert hast, wirst du ohne Probleme den Installierungsanweisungen auf https://meta-mask.io folgen können. Trotzdem ein paar Hinweise, die dir das Ganze erleichtern. Wichtig ist, dass du den Download ausschließlich auf der echten MetaMask-Website vornimmst und nicht auf irgendwelche Fake-Seiten hereinfällst. Achte also auf die korrekte Website-Adresse des Unternehmens und suche niemals auf Google nach ihr, du bekommst dort Ergebnisse angezeigt, die dich auf Betrugsseiten leiten. Wenn du anschließend auf einen Webstore weitergeleitet wirst, sollte neben der App eine hohe Nutzerzahl genannt werden (inzwischen 10.000.000+ Nutzer). Taucht dort eine niedrige Zahl auf, bist du ebenfalls auf einer Fake-Seite gelandet. Niemals solltest du MetaMask über Google suchen. Die Gefahr, auf einer falschen Seite zu landen, die dich irgendwie dazu bringt, deine geheimen (!) 12 Worte, also deine Seedphrase, einzugeben, ist einfach zu groß. Wenn du die Anwendung heruntergeladen hast, wirst du aufgefordert, ein Password zu erstellen. Dieses Password hat nichts mit deiner späteren Wallet zu tun, es gilt nur für die Webbrowser-Erweiterung. Trotzdem solltest du natürlich ein sicheres Password wählen. Kleiner Pro-Tipp: Nutze einen guten Password-Manager. Solche findest du haufenweise auf den gängigen App-Plattformen. Jeder von ihnen hat eine Funktion, mit der du ein sicheres Passwort generieren kannst, benutze am besten das. Anschließend musst du die Nutzungsbedingungen akzeptieren und gelangst dann auf den Button »Erstellen«.

Sicherheit ist oberstes Gebot

Jetzt wird es wirklich mega-wichtig: Beim Erstellen der MetaMask wird dir ein geheimer Backup-Schlüssel (oder »Seed«) zugeteilt. Der besteht aus einer willkürlichen Abfolge von zwölf Worten. Notiere dir diese Abfolge sorgfältig auf einem Zettel. Ja, du hast richtig gehört: Nimm ein Blatt Papier und schreibe die Worte buchstabengenau ab, am besten mit Bleistift, denn der bleicht nicht aus. Fotografiere sie nicht ab, speichere sie nicht in einer Worddatei oder auf anderen digitalen Medien. Tu es nicht. Denk gar nicht erst darüber nach. Mach es bitte, bitte, BITTE nicht! Zettel. Papier. Gut verstecken. Sonst nix. Der willkürlich und individuell erzeugte Backup-Schlüssel ist dein »private key«, der funktioniert wie der Schlüssel zu einem Tresor. Wer deinen Backup-Schlüssel besitzt, kann deine Wallet problemlos öffnen und leerräumen, denn der Schlüssel ist der Zugang zu deiner Wallet-Adresse und damit zu deinen Inhalten, die auf der Blockchain liegen. Und wenn du irgendwann millionenteure NFTs besitzt – wovon ich mal ausgehe, wenn du alles richtig machst – wäre es doch schade, wenn dein ganzes Vermögen plötzlich wieder weg wäre. Oder besser gesagt: bei einem anderen.

Beim Aufbewahren deines Backup-Schlüssels bewährt es sich also, ziemlich altmodisch und radikal analog vorzugehen. In meinem Bekanntenkreis gibt es jemanden, der stattdessen ein Foto von seinem Schlüssel gemacht und dieses in die Cloud hochgeladen hat. Das ist leider genauso schlau wie die Strategie von Kasperl und Seppel, eine Kiste mit der unübersehbaren Aufschrift »Vorsicht, Gold!!« durch den Wald vom Räuber Hotzenplotz zu schleppen. Beides zieht böse Buben, ob Hacker oder Räuber, magisch an. Das Ende vom Lied: Gold weg. Wallet leer. Hüte also den Zettel mit deinem MetaMask-Zugang wie ein Einäugiger seinen einzigen Augapfel. Manche geben den Tipp, den Schlüssel mehrfach zu notieren und an verschiedenen Plätzen zu verstecken, für den Fall, dass das Haus abbrennt. Auch ein Gefrierbeutel als Aufbewahrungsort oder den Zettel zu laminieren ist ein guter Gedanke, gegen Wasserschäden. Was immer du tust: Stelle sicher, dass du den Schlüssel wiederfindest, wenn du ihn brauchst. Mit ihm hast du Zugriff auf deine Wallet, auch wenn dein PC unter einen Laster kommt oder dein Laptop geklaut wird. Und noch ein Sicherheitshinweis: Es gibt keinen »MetaMask-Support«, der dich per Direct Message (DM) kontaktiert (genauso wenig wie einen Microsoft-Support, der ein indisches Callcenter beschäftigt). Nochmal zum Mitschreiben: ES GIBT KEINEN METAMASK-SUPPORT PER DIREKTNACHRICHT ÜBER TWITTER ODER

DISCORD. Und auch alle E-Mails, die dir unaufgefordert treuherzig Hilfe in Sachen MetaMask anbieten, sind Betrug. Sie verbinden dich mit jemandem, der dich dienstfrig bittet, ihm deinen Rechner freizuschalten, damit er dir helfen kann, teilweise sogar mit paralleler »Betreuung« am Telefon. In Wahrheit hilfst du ihnen dabei, deine Wallet ruckzuck leerzuräumen. Wenn du über die Hinweise im »Support«-Bereich direkt auf der MetaMask-Webseite nicht weiterkommst, wende dich am besten an eine Person, die du persönlich kennst und der du vertraust, aber gib niemals, niemals, niemals deinen Backup-Schlüssel, also deine 12 Worte, heraus! Zum echten MetaMask-Support gelangst du übrigens über den Support-Button in deiner MetaMask.

Bestätigung des Backup-Schlüssels und Wallet-Adresse

Nach der Zuteilung deines Backup-Schlüssels wirst du aufgefordert, »Bestätigen Sie Ihre geheime Sicherungsphrase«. Dazu klickst du die gezeigten Kästchen mit den Worten, die du erhalten hast, in der richtigen Reihenfolge an. Das war's auch schon. Du hast deine eigene MetaMask eingerichtet. Unter »Account« erscheint jetzt deine Wallet-Adresse, eine lange Buchstaben- und Ziffernfolge. Das ist dein »public key«, also dein öffentlicher Schlüssel, den du sehen kannst wie deine Kontonummer. Wenn du diesen Schlüssel bei Etherscan. io eingibst oder von der MetaMask aus auf den Button »Etherscan Main Net« klickst, erhältst du (wie auch jeder andere, der deine Wallet-Adresse kennt) eine Übersicht all deiner Transaktionen. Diese Wallet-Adresse (auch »ENS-Adresse«) kannst du, wie auch im echten Leben deine Kontonummer, problemlos an andere weitergeben, zum Beispiel, wenn dir jemand Geld in deine MetaMask überweisen will oder wenn du zur Teilnahme an einem Gewinnspiel dazu aufgefordert wirst. Deine ENS-Adresse erlaubt lediglich Einsicht in deine Transaktionen, nicht den Zugriff darauf. Und auf der Blockchain ist ohnehin alles öffentlich, du verrätst also kein Geheimnis.[1]

Start des Überweisungsvorgangs bei Kraken

CRYPTO ASSETS	MARKET PRICE	AMOUNT	VALUE	ACTIONS
Solana Spot, Staking	154.31 EUR	50.69379 SOL	7,822.56 EUR	☆
Ethereum Spot	2,869.60 EUR	2.10041 ETH	6,027.34 EUR	⬇ ⬆ ⋮ ☆
Cardano Spot, Staking	2.10 EUR	1,520.871226 ADA	3,201.02 EUR	⬇ ⬆ ⋮ ☆
Kava	5.47	522.841609	2,859.05	

ABB. 17: Eine Überweisung bei Kraken beginnen

Ether von Kraken auf die MetaMask überweisen

Theoretisch könntest du auch über die Startseite deiner MetaMask Ether kaufen, denn dort befindet sich ein »Buy«-Button. Dabei fallen allerdings relativ hohe Transaktionsgebühren an. Deshalb solltest du deine Ether eher auf einer Kryptobörse wie Kraken ordern und von dort auf deine MetaMask überweisen. Zum Überweisen gehst du bei Kraken oben in der Leiste auf »Funding« und dort auf die Spalte, die dir deinen ETH-Bestand anzeigt. Wenn du dort auf den rechten Pfeil, der nach oben deutet, klickst, erscheint das Wort »Withdraw« (wörtlich »rausziehen«, also »überweisen«). Dann öffnet sich eine Seite, in der du die Überweisungsdaten eintragen kannst (Abbildung 17 und 18).

Bei »Add new withdrawal address« wirst du dann zu einer »Description« (Beschreibung) aufgefordert. Die lautet sinnvollerweise »MetaMask von DEIN NAME«. In das Feld darunter kopierst du deine öffentliche MetaMask-Wallet-Adresse, den »public key«. Dieser besteht, wie beschrieben, aus einer langen Zahlen- und Buchstabenreihe. Bitte überprüfe diese Ziffer für Ziffer ganz genau. Es gibt Trojaner, die solche Adressen beim Kopieren in die Zwischenablage austauschen, und dann schickst du das Geld auf eine andere Adresse, nicht auf deine. Außerdem trägst du dort die Summe ein, die du überweisen willst (»Withdrawal Amount«). Wenn das deine erste Transaktion bei Kraken ist, geht die wie schon erläutert erst

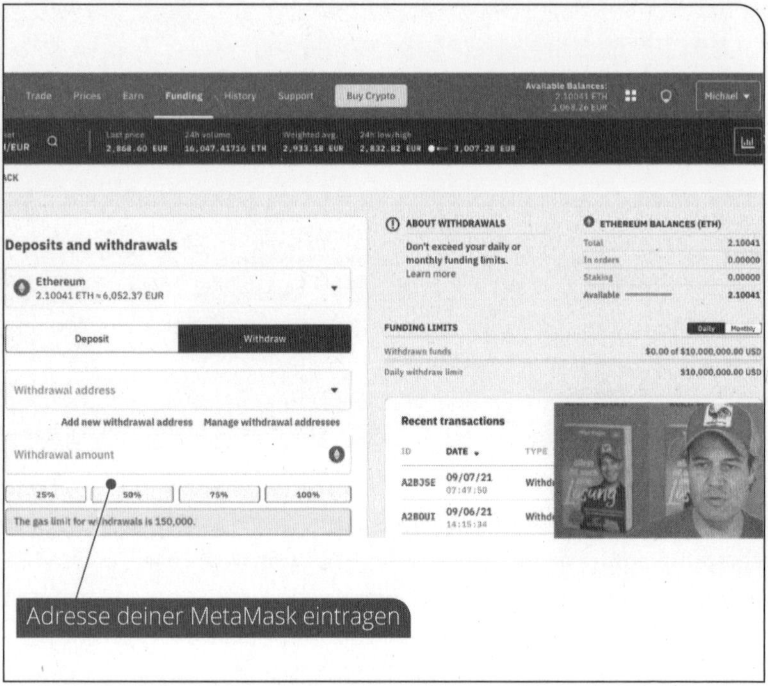

ABB. 18: Überweisungsseite bei Kraken

72 Stunden nach deiner ersten Einzahlung bei Kraken dort raus. Außerdem bekommst du nach der ersten Überweisung an eine *neue* Wallet-Adresse eine Nachricht an die E-Mail-Adresse, die du bei Kraken hinterlegt hast. Darin wirst du über die anstehende Überweisung informiert und aufgefordert, diese noch einmal ausdrücklich zu bestätigen. All das hat natürlich Sicherheitsgründe. Bei anschließenden Überweisungen von Kraken an dieselbe Adresse (also deine MetaMask) entfällt dieser Zwischenschritt.

Achtung: Ein letzter wichtiger Sicherheitshinweis!

Bei all diesen Transaktionen solltest du extrem vorsichtig und gewissenhaft vorgehen. Ein kleiner Schreibfehler – etwa bei deiner Meta-Mask-Adresse – hat ernsthafte Folgen. Ether, die an eine fehlerhafte

Adresse gehen sollen, sind unwiederbringlich verloren. Deswegen solltest du deine MetaMask-Adresse immer direkt in deinem Meta-Mask-Account kopieren, mit copy und paste in das entsprechende Feld bei Kraken einfügen und immer noch mal ganz genau kontrollieren. Wie bei jeder Transaktion auf eine neue Adresse solltest du immer erst mit einer kleinen Summe (zum Beispiel 0,01 ETH) testen, ob alles funktioniert und das Geld auch wirklich ankommt. Erst dann solltest du eine größere Summe senden. Wenn das einmal funktioniert hat, brauchst du das danach nicht jedes Mal wieder zu machen. Und nicht vergessen: Du kannst immer nur innerhalb desselben Netzwerks Überweisungen durchführen. Würdest du Bitcoin an eine Ethereum-Wallet überweisen, wären die Coins weg, und keiner kann dir helfen, sie wiederzubekommen. Es gibt schlicht niemanden, den du anrufen könntest.

NFTs kaufen: OpenSea als wichtigster Handelsplatz

Du hast eine MetaMask, du besitzt Ether: Jetzt kann es losgehen! Für den Kauf von NFTs gibt es verschiedene Plattformen, die ich dir im Folgenden vorstelle. Am ausführlichsten gehe ich dabei auf OpenSea ein, denn das ist momentan mit Abstand der größte Handelsplatz für NFTs. OpenSea ist so etwas wie eBay für NFTs, mit anderen Worten: ein Zweitmarkt. Zwar kann man über OpenSea auch selbst NFTs erstellen (»Create«), aber darauf gehe ich hier nicht näher ein. Du kannst gern mal zum Spaß ein Foto als NFT bei OpenSea minten, das ist praktisch selbsterklärend. Ich habe ja schon erklärt, dass viele Projekte direkt auf der Website der Macher gestartet werden und du dort dann NFTs »minten« (zu einem oft vergleichsweise niedrigen Preis »prägen«) kannst. Das ist der Erstmarkt. Sobald die Projekte auf der Website selbst ausverkauft sind,

sind sie nur noch auf dem Zweitmarkt zu haben, in der Regel bei OpenSea. Viele Künstler oder Herausgeber von PFP-NFTs verlinken dazu direkt nach dem Verkauf auf die OpenSea-Website. Und du solltest, um solche NFTs sicher kaufen zu können, auch nur den OpenSea-Link auf der offiziellen Website des Projekts oder in deren Discord verwenden. Ende 2017 gegründet, gilt OpenSea als erster NFT-Marktplatz überhaupt.

Spielerisch starten

OpenSea ist leicht zu handhaben. Die Seite bietet eine Reihe von nützlichen Such- und Sortierungsfunktionen, die du nutzen kannst, um dir ein Urteil über den möglichen Wert eines NFTs zu bilden. Um diese kennenzulernen, rate ich dir, das Ganze spielerisch anzugehen. Probiere am besten erst einmal aus, was für Funktionen es gibt, und starte mit dem Kauf eines günstigen NFTs. Es gibt sogar eine Menge kostenlose NFTs, die du geschenkt bekommst. Auch für sie fällt allerdings eine Transaktionsgebühr an, die »Gas Fee«, die mit der Auslastung des Ethereum Netzwerkes schwankt. Ganz umsonst sind also auch kostenlose NFTs nicht.

Um einen NFT zu kaufen, verlinkst du zunächst deine Meta-Mask mit der OpenSea-Seite. Dazu klickst du auf das altmodische Brieftaschen-Symbol rechts oben auf der Eröffnungsseite (siehe Abbildung 19). Durch alle weiteren Schritte wirst du dann in der MetaMask geführt. Um dir einen Überblick über das Angebot bei OpenSea zu verschaffen, kannst du dir über den Button »Explore« NFTs verschiedener Kategorien anzeigen lassen, neben Kunst beispielsweise auch Musik, Sammelkarten (»Trading Cards«) oder Profile Pics (»Collectibles«). Interessant ist auch der »Stats«-Button, über den du Verkaufsränge unterschiedlicher Zeiträume (24 Stunden, 7 Tage usw.) verfolgen kannst. So siehst du anhand der grünen und roten Prozenthinweise zum Beispiel, welche Verkäufe aktuell massiv anziehen (was auf eine Wertsteigerung hindeuten kann) und welche NFTs inzwischen weniger gefragt sind. Wichtig zu wissen:

ABB. 19: Eröffnungsseite von OpenSea (https://opensea.io/)

Der Haken auf blauem Grund rechts neben dem NFT-Titel zeigt an, dass es sich um eine »verifizierte« Kollektion handelt. Fehlt dieser Haken, hast du es entweder mit Fakes zu tun oder mit Kollektionen, die noch sehr jung sind und die Schwelle des Handelsvolumens von 100 Ether noch nicht erreicht haben, die nötig ist, um einen blauen Haken zu bekommen. Vorsicht, es gibt Betrüger, die versuchen, dich mit einem falschen blauen Haken reinzulegen, indem sie einen blauen Haken per Fotomontage in das Projektbild hineinmontieren. In solchen Fällen kann es auch sein, dass der blaue Haken da ist, aber an der falschen Stelle, zum Beispiel eben nicht auf der rechten, sondern auf der linken Seite. Benutze hierfür einfach meine leicht zu merkende Eselsbrücke: »Ist der blaue Haken rechts, so ist alles rechtens. Ist der blaue Haken links, ist es eine linke Nummer.« Schaue aber auch bei einem blauen Haken rechts immer genau, ob er nicht in das Profilbild des Projektes hineinmontiert wurde, dann ist er zu weit innen. Lass am besten deinen Mauszeiger über dem blauen Haken »schweben«, dann zeigt dir OpenSea »Verified

Collection« an. Orientiere dich zur ersten Überprüfung von Projekten auch gerne an den echten NFTs in meinen Wallets »Warrenhimself« oder »Warrenvault«.

Was dir OpenSea über einzelne NFTs verrät

Informationen über einen bestimmten NFT bekommst du, indem du einfach draufklickst. Abbildung 20 (siehe nächste Seite) beispielsweise zeigt eine Momentaufnahme zu einem meiner Bored Apes. Wenn du auf »Properties« klickst, öffnen sich kleine Fenster, die dir anzeigen,

wie viele andere Affen aus der Serie ein bestimmtes Merkmal aufweisen. Nur 0,8 Prozent aller Bored Apes tragen beispielsweise einen Zuhältermantel (»Pimp Coat«), nur 1 Prozent diesen Party-Hut. Faustregel: Je seltener einzelne Merkmale, desto wertvoller ist in der Regel der NFT. Werte unter 1 Prozent sind sehr interessant.

Auch eventuelle Gebote kannst du bei jedem NFT einsehen. Bei Mister #5437 zahlen sich seltene Attribute (»traits«) Hütchen und Fellmantel mit Geboten über 47 Ether (zum Zeitpunkt des Secreenshots über 200.000 US-Dollar) aus, momentan sind die aktuellen Gebote bei 71 ETH. Etwas weiter unten wird (unter »Item Activity«) bei jedem NFT auch die Verkaufshistorie angezeigt. Die ist in diesem Fall recht kurz, denn ich habe den Affen selbst gemintet und dann nur noch von meiner Wallet »Warrenhimself« in meine Wallet »Warrenvault« geschoben. An dieser kurzen Geschichte wird sich auch nichts ändern, denn ich plane, meine Lieblingsinvestments lange zu halten. In anderen Fällen könntest du hier sehen, ob ein NFT schon häufiger den Besitzer gewechselt hat und wie die Preisentwicklung dabei war.

Gebote und Auktionen

Wenn du selbst ein Gebot abgeben willst, kannst du das kostenfrei über den Button »Make offer« einstellen und dort auch angeben, wie lange dieses Gebot gelten soll. Der Besitzer eines NFTs kann dieses

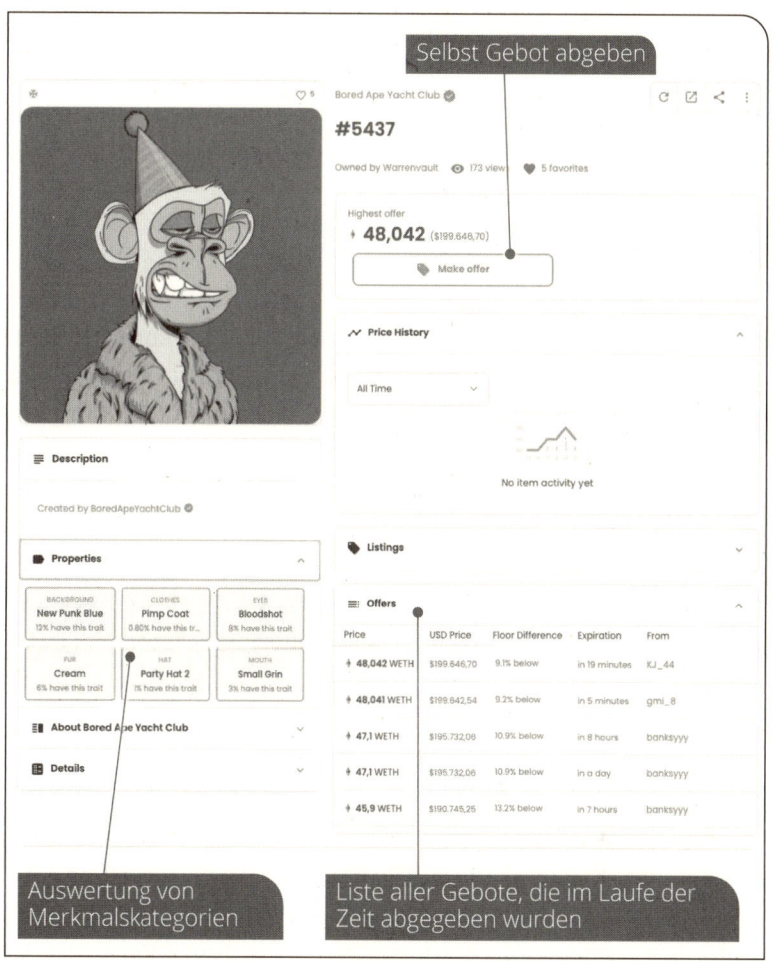

Selbst Gebot abgeben

Auswertung von Merkmalskategorien

Liste aller Gebote, die im Laufe der Zeit abgegeben wurden

ABB. 20: Detailseite eines NFTs auf OpenSea

Gebot jederzeit mit einem Klick annehmen, dann wird der Kauf sofort und sekundenschnell abgewickelt. Solange der Besitzer nicht angenommen hat, kannst du dein Angebot jederzeit canceln. Achtung: Im Gegensatz zum Erstellen eines Offers kostet das Canceln Gas Fee, kann also teuer werden, wenn du wahllos bietest und deine Angebote dann zurückziehen willst. Hinter Angeboten weit unter Preis stecken oft Bots – Programme, die Hunderte, ja sogar Tausende

Angebote machen, die weit unter Marktpreis sind. So fischen diese nach NFTs, deren Besitzer unter Wert verkaufen, weil sie vielleicht schnell Geld brauchen oder, was auch oft vorkommt, den wahren Wert ihres Besitzes nicht erkennen und eine »Blaue Mauritius« statt für 1.000 Ether dann leider für 0,25 Ether verkaufen. Neben Einzelgeboten gibt es auf OpenSea auch Auktionen, und zwar zwei Arten: Bei der »English Auction« erhält wie gewohnt der Meistbietende den Zuschlag. Bei der »Dutch Auction« (DA) dagegen sinkt der Preis mit der Zeit und es geht darum, nicht zu früh zuzuschlagen. »Holländische Versteigerung« heißt das deswegen, weil so bis heute in den Niederlanden und manchmal auch auf Jahrmärkten hierzulande Blumen versteigert werden.

Ether (ETH) und Wrapped Ether (WETH)

Wichtig zu wissen: Es gibt einen sehr lohnenden kleinen Kniff. Wenn du auf OpenSea statt mit Ether (ETH) mit Wrapped Ether (WETH) bietest, kannst du mit nur einem Wrapped Ether zig, ja sogar Hunderte Gebote abgeben. Erst, wenn ein Angebot angenommen wird und deine Wrapped Ether dafür ausgegeben sind, kann dein Offer nicht mehr anderswo angenommen werden. »Wrapped Ether« heißt wörtlich übersetzt »eingewickelte Ether«. Warum es nicht nur Ether, sondern auch Wrapped Ether gibt, das im Detail zu erklären, würde hier zu weit führen. Nur so viel: Der Wrapped Ether weist einen anderen Token-Standard auf als der Ether. Der Kurs ist eins zu eins, 1 ETH entspricht also immer 1 WETH.

Um ETH in WETH zu tauschen (zu »swappen«), gehst du auf eine Dezentralisierte Börse (DEX). Die beiden bekanntesten sind Uniswap (https://app.uniswap.org/#/swap) und SushiSwap (https://app.sushi.com/swap). Auch hier gilt, besuche diese Seiten, setz dir ein Lesezeichen und suche sie nicht über Google. Wenn du auf einer DEX eingibst, welche Summe du tauschen willst und den jeweiligen Ausführungsbutton anklickst, öffnet sich deine MetaMask und du kannst alles Weitere abwickeln. Beim ersten »Swappen«

(Tauschen) von ETH in WETH brauchst du in der Regel zwei Transaktionen über die MetaMask. Eine »approve« Transaktion, mit der du erstmal der DEX genehmigst, mit deiner Wallet zu interagieren. Das kostet Gas. Dann erst kommt die eigentliche Transaktion, der Swap-Vorgang. Damit dieser ausgeführt wird, benötigt es eine zweite Transaktion in der MetaMask. Auch diese kostet Gas. Beim nächsten Swapvorgang ist in der Regel die erste »Approve«-Transaktion nicht mehr nötig, du kannst direkt swappen. Sollte eine erfolgte Transaktion nicht sofort in deiner Wallet angezeigt werden, kannst du sie auf Etherscan mit Eingabe deiner Wallet-Adresse prüfen. Im Übrigen gilt auch hier das, was ich immer empfehle: Darauf achten, dass du dich zu Beginn wirklich auf der Original-Unternehmenswebsite befindest, und Transaktionen beim allerersten Mal immer erst mit einer kleinen Summe testen, auch wenn das zweimal Gas Fee bedeutet.

Übersicht nützlicher Funktionen

Damit du OpenSea gezielt nutzen kannst, um den Wert eines NFTs einzuschätzen, hier einige wichtige Funktionen noch einmal auf einen Blick.

NÜTZLICHE FUNKTIONEN AUF OPENSEA ZUR WERTEINSCHÄTZUNG EINES NFT

Button auf der Website	Funktion
Explore	Hier kannst du dir NFTs nach Kategorien sortiert anzeigen lassen und dir einen allgemeinen Überblick verschaffen.
Stats (Statistiken)	Darunter findest du **Rankings** (Verkaufsränge), die du dir ebenfalls nach Kategorien und nach Zeiträumen (30 Tage / 7 Tage / 24 Std.) anzeigen lassen kannst. Du siehst dann, was im Moment besonders gefragt ist und wo Verkäufe anziehen. Die Spalte **Floor Price** gibt dabei den derzeit günstigsten Preis an, zu dem ein NFT einer Kollektion angeboten wird. Wenn du sie anklickst, werden dir die NFTs sofort aufsteigend, beginnend mit dem günstigsten Preis, angeordnet. **Activity** zeigt dir eine Liste momentan abgewickelter Verkäufe und auch NFTs, die gerade in der Sekunde gelistet werden.
Status	Links auf der Website kannst du gezielt nach NFTs suchen, die zum Verkauf stehen (**Buy Now**), nach Auktionen (**On Auction**), nach solchen, für die schon Gebote vorliegen (**Has Offers**), sowie nach neuen NFTs (**New**).
	Wenn du dir eine Serie anzeigen lässt, findest du oben auf der Seite erst einmal eine allgemeine Übersicht, hier am Beispiel des Bored Ape Yacht Club. Du siehst nicht nur das im Original blaue Häkchen für die verifizierte Kollektion, sondern auch, dass es 10.000 Apes gibt (10.0K **items**), die sich auf 5.900 Besitzer verteilen (5.9K **owners**), dazu den aktuellen

Mindestpreis in ETH (43.7 **floor price**) sowie das Handelsvolumen (240.1 **volume traded**). Wenn du auf »volume traded« klickst, zeigt OpenSea dir das Handelsvolumen für verschiedene Zeiträume an. An der Kurve kannst du ablesen, ob der Marktwert eines NFTs bzw. einer Serie gerade sinkt oder Fahrt aufnimmt.

Sort by

Hier findest du rechts auf der Webseite eine weitere Sortierfunktion nach einer ganzen Reihe von Kategorien. Interessant für die Einordnung eines NFTs: **Price: Low to High** und **Price: High to Low**. Damit werden die NFTs der gewählten Kategorien nach Preisangaben aufsteigend bzw. absteigend geordnet. Achtung: Maßgeblich sind hier lediglich die Forderungen der Verkäufer, die nicht unbedingt eingelöst werden. Du solltest dir daher unbedingt auch die tatsächlichen Verkäufe und deren Preise ansehen, die bei der Sortierung **Recently Sold** angezeigt werden. Hier siehst du, welche Preise wirklich erzielt wurden. Insofern ist diese Kategorie auch aussagekräftiger als der »Floor Price«, der sich lediglich aus Forderungen ableitet. **Highest Last Sale** zeigt dir die teuersten kürzlich verkauften NFTs aus einer Serie an und ist daher auch ein guter Wertindikator.

Bei jeder Serie/jedem Kunstwerk findest du auch Verlinkungen auf die Projektwebsite sowie auf vorhandene Social-Media-Kanäle (Instagram, Twitter, Discord). Hier gewinnst du wichtige Infos über Macher und Community. Eine große und engagierte Community mit vielen Followern ist ein Indiz für eine potenziell stabile Wertentwicklung. Zur Rolle der Communitys lies bitte auch das nächste Kapitel.

Weitere Marktplätze: Rarible, Art Blocks, Nifty Gateway und andere

Auf dem Zweitmarkt hat OpenSea mit aktuell fast 20 Millionen Angeboten praktisch ein Monopol. Daneben gibt es etliche Erstmärkte, auf denen Künstler ihre Werke direkt zum Kauf anbieten können. Das ist zwar auch bei OpenSea der Fall, aber dort dominiert der Weiterverkauf.

Rarible

Auf Rarible (https://rarible.com/) kann jeder selbst erstellte NFTs zum Kauf anbieten, und zwar ohne Zugangshürden. Es gibt keine Vorauswahl. Im Unterschied dazu sind Erstmärkte, auf denen bekanntere Künstler Werke anbieten, kuratiert. Im nächsten Abschnitt findest du einige aufgelistet. Wenn du dich mit OpenSea angefreundet hast, wirst du dich auf Rarible ebenfalls rasch zurechtfinden, die Funktionen sind ähnlich. Du kannst Gebote abgeben, zu einem festen Preis kaufen oder auch an Live-Auktionen teilnehmen. Die Verkaufsgebühren belaufen sich bei Rarible auf jeweils 2,5 Prozent vom Preis für Verkäufer wie Käufer. OpenSea setzt die gleiche Gebühr ausschließlich beim Verkäufer an. Gehandelt wird wie bei OpenSea in Ether (ETH).

Art Blocks

Dies ist eine größtenteils kuratierte Plattform, die ausschließlich Generative Art bietet. Wie im letzten Kapitel unter »Generative Art: Von Autoglyphs bis Chromie Squiggles« ausführlich erläutert, handelt es sich dabei um computergenerierte Serien von Kunstwerken auf der Basis eines vom Künstler geschaffenen Codes. Technisch gesehen sind solche Serien unendlich, in der Praxis werden sie limitiert auf eine fixe Zahl von Werken. Auf Art Blocks (https://www.artblocks.io/)

mintest du als Käufer zu einem vorher vom Urheber festgelegten Preis, das heißt, das von dir gekaufte Werk nimmt erst durch deinen Kauf Gestalt an. Du weißt also vorher nicht, wie dein Werk aussieht und ob es zu den spektakuläreren oder weniger spektakulären einer Serie gehören wird. Künstler, die ein kuratiertes Werk platzieren konnten, dürfen anschließend auf dem »Artists' Playground« (Künstlerspielplatz) ein weiteres nicht kuratiertes Werk anbieten. Du kaufst wie auch bei Rarible oder OpenSea über die Verlinkung mit deiner MetaMask. Art Blocks erhebt vom Käufer 10 Prozent Gebühren auf den Kaufpreis, die bei der Abwicklung der Transaktion automatisch in die Wallet der Plattform fließen.

Wenn du auf »all projects« klickst, erscheint eine Liste der Serien, bei der du sehen kannst, welche Projekte bereits abgeschlossen und nur noch über Zweitmärkte wie OpenSea zu kaufen sind, bei welchen Projekten du noch minten kannst und wann bestimmte neue Projekte starten. Das P neben einem Projekt zeigt dir an, dass es sich um ein »Playground«-Projekt handelt. Wenn du auf ein bestimmtes, noch nicht abgeschlossenes Projekt klickst, siehst du eine Zeile, die angibt, wie groß die Serie ist und wie viele NFTs bereits gemintet wurden. Vor dem Starttermin steht da dann beispielsweise »1 of 1024 minted« (nur das Anschauungsobjekt aus einer Serie von 1024 wurde bereits geprägt). Nach Start des Projekts gibt dir die Geschwindigkeit, mit der Werke gemintet werden, einen ersten Hinweis darauf, wie begehrt diese Serie ist und wie die Preisentwicklung sein könnte. Art Blocks verlinkt bei jedem Projekt auf die Website des Künstlers, sodass du dir dort weitere Infos holen kannst und beispielsweise an seinen Follower-Zahlen bei Instagram, Twitter oder Discord ablesen kannst, wie populär jemand bereits ist.

MakersPlace

Diese Plattform vermarktet sich als »premier market for truly rare digital artworks«, sozusagen als Feinkostgeschäft neben dem Supermarkt OpenSea. Dass dies kein leeres Werbeversprechen ist, zeigt die

Tatsache, dass MakersPlace in Zusammenarbeit mit Christie's den Verkauf von Beeples »Everydays«, mit über 69 Millionen US-Dollar der bis dato teuerste NFT aller Zeiten, durchführte.[2] MakersPlace (https://makersplace.com/) bietet Unikate ausgewählter Künstler und will auch solchen Kunstschaffenden Zugang zur Welt der NFTs verschaffen, die sich im Kryptobereich noch nicht auskennen. Deshalb können hier Verkäufe nicht nur in Ether, sondern auch über die klassische Kreditkarte abgewickelt werden, wovon man sich die Erschließung weiterer Käufergruppen verspricht. Die Plattform existiert seit April 2019. Auch hier wirst du viele Such- und Sortierfunktionen wiedererkennen, die dir schon bei OpenSea begegnet sind: Preis »Highest to Lowest« und umgekehrt, Kategorien wie »Buy Now«, »In Auction« und »Has Offers«, Filtern nach Künstlern und Kunstformen und vieles mehr.

KnownOrigin

»Discover rare artworks by world class artists«, lautet das Werbeversprechen von KnownOrigin (https://knownorigin.io/). Die Plattform bietet einen Erst- und einen Zweitmarkt («Primary/Secondary Marketplace«). Verkauft werden überwiegend Unikate, erkennbar an der Kennzeichnung 1/1, sowie kleine Serien. Dabei zeigt beispielsweise 1/10 an, dass du ein Werk aus einer zehnteiligen Serie, also einer Edition, kaufen würdest. Wie auf anderen Plattformen wirst du auch hier auf die Social-Media-Accounts der Künstler verlinkt und kannst dir anhand von Followerzahlen und Engagement der Community einen Eindruck von ihrer Popularität verschaffen und recherchieren, was sie bisher für Werke platziert bzw. an welchen Projekten sie beteiligt waren. Die auf dem Erstmarkt angebotenen Werke sind in der Regel zu moderaten Preisen (unter 1 ETH) zu haben. Spektakuläre Preise verlangen nach einer spektakulären Story, und die existiert hier eben vielfach (noch) nicht. Anders sieht es auf dem Zweitmarkt aus, auf dem für Werke bekannter Künstler wie Pak, XCOPY oder Hackatao sehr hohe Preise aufgerufen werden. Im Menü »Community« gibt es eine »Hall of Fame«, ein Ranking anhand der bis dato erzielten Verkaufserlöse, außerdem den Pfad »Collections«, der eine Reihe von NFT-Projekten vorstellt. Unter »Drops« werden neue Projekte und deren Starttermin angekündigt. Unter »Activity« siehst du, was gerade verkauft, neu angeboten oder mit einem Gebot versehen wurde. Zum Kauf verbindest du über den »Connect«-Button auch hier deine MetaMask oder eine andere Kryptowallet.

Nifty Gateway

Das Besondere dieser Plattform: Du kannst hier NFTs ganz einfach mit deiner Kreditkarte kaufen, brauchst also weder eine Kryptowährung wie Ether noch eine digitale Wallet wie die MetaMask. Du musst lediglich einen Account anlegen und dich zum Start verifizieren. Der Nachteil dieses Vorteils: Da du selbst in der Kryptowelt nicht präsent bist, lagern deine NFTs (im hiesigen Jargon »Nifties«) dann bei Nifty Gateway (https://niftygateway.com/). Dein Zugriff darauf hängt also davon ab, ob es das Unternehmen weiterhin gibt und ob die Plattform zugänglich ist. Wenn du dir selbst den Zugriff sichern willst, brauchst du daher doch eine MetaMask. Dann kannst du ein gekauftes Werk über den Button »Withdraw Nifty« auf deine eigene Wallet-Adresse im Ethereum Mainnet schicken, auf die du dann mit der MetaMask zugreifen kannst. Inzwischen kannst du übrigens auch bei Nifty Gateway mit Ether bezahlen.

> »Moment mal, das bringt mich ins Grübeln. Wo liegen denn meine NFTs, wenn ich auf anderen Plattformen wie zum Beispiel OpenSea eine Wallet habe? Bin ich dann von OpenSea abhängig?«

»Du kannst dir die MetaMask vorstellen wie eine Brille, die es dir ermöglicht, auf die Blockchain zu schauen. OpenSea ist auch so eine Brille. Keiner deiner NFTs ›liegt bei OpenSea‹, alle deine NFTs liegen in erster Linie auf der Blockchain. OpenSea ist nur die Brille, die dir deine NFTs zeigt. Bei Nifty Gateway ist das anders. Da liegen die NFTs in ›deiner‹ Wallet bei Nifty Gateway, die erstmal gar nicht deine, sondern die Wallet von Nifty Gateway ist. ›Not your keys, not your coins‹ warnt man in solchen Fällen in der Kryptowelt. Alles, wofür du keinen *private key* besitzt, befindet sich genau genommen nicht zu 100 Prozent in deinem Besitz. Erst, wenn du deine NFTs von Nifty Gateway auf deine Wallet-Adresse im Ethereum-Netzwerk schickst, hast du mit deiner MetaMask, für die du einen *private key* in Form deiner aus zwölf Worten bestehenden Seedphrase besitzt, einen exklusiven Zugang dazu.«

»Wo liegen meine NFTs?« ist eine durchaus berechtigte Frage. Es gibt zwei Arten von NFTs. Solche, die »on chain« sind, wie zum Beispiel Art-Blocks-NFTs. Hier ist der Code, mit dem man das Kunstwerk jederzeit ganz einfach wieder herstellen kann, auf der Blockchain hinterlegt. Bei NFTs, die nicht *on chain* sind, besteht dein Eigentum tatsächlich »nur« daraus, dass innerhalb des NFTs ein Link ist, der auf einen Ort zeigt, an dem die Datei (das Bild, das Video, die Musik usw.) hinterlegt ist. Wie nachhaltig und »sicher« die Datei deines NFTs ist, hängt hier davon ab, wie und wo der Link gehostet ist. Am gängigsten ist, dass die Datei auf IPFS (Interplanetary File System) hinterlegt ist. Hier wird die Datei mehrfach an verschiedenen Stellen dezentral gehostet (aufbewahrt), sodass ein immerwährender Zugriff gewährleistet ist. Ein potenzielles Risiko besteht bei Dateien, die von zentralisierten Firmen wie zum Beispiel OpenSea aufbewahrt werden. Hier könnte die Gefahr bestehen, dass im Falle einer Pleite des Unternehmens das jeweilige File, das mit dem NFT verbunden ist, nicht mehr aufbewahrt wird. Und falls du dich gerade fragst: »Warum macht man das denn nicht alles »on chain«? Es wäre einfach sehr teuer bis unbezahlbar, große Dateien direkt auf der Ethereum-Blockchain zu hosten.

Was Nifty Gateway so interessant macht: Viele bekannte Künstler wie Beeple, Fewocious oder Pak veröffentlichen hier im Rahmen von sogenannten Drops ihre Werke. Du kannst dann zum angegebenen Fixpreis beim vorher auf der Website angekündigten Drop ein Werk erstehen. Bis vor einiger Zeit war dies eine gute Möglichkeit, NFTs günstig zu kaufen und gleich anschließend auf dem Zweitmarkt mit erheblichem Gewinn weiterzuverkaufen (zu »flippen«). Inzwischen ist dieser Boom etwas abgekühlt. Zusätzlich gibt es bei den Projekten spezielle Arten des Verkaufs. Zum einen sind da die »Open Editions«, nach eigener Aussage eine Erfindung des NFT-Künstlers Pak. Hier öffnet sich ein Zeitfenster von 3 Minuten bis hin zu 48 Stunden oder länger. In diesem Zeitfenster kannst du so viele NFTs einer Serie zum angegebenen Preis erstehen, wie du möchtest. Dann gibt es noch das sogenannte »Drawing«. Dabei kannst du zu einem fixen Preis mitmachen, nehmen wir an, 1.500 Dollar. Damit kaufst du sozusagen ein Los. Wenn du dann gezogen wirst und auch wirklich NUR, wenn du gezogen wirst, musst du die 1.500 Dollar bezahlen und bekommst eines der auf beispielsweise 10, 20 oder 50 Stück limitierten Kunstwerke. Und natürlich bietet auch Nifty Gateway Auktionen. Ganz normale, aber auch »silent auctions«, bei denen die Bieter die Gebote abgeben, ohne zu wissen, was die Mitbewerber bieten. Am Schluss bekommt das höchste Gebot den Zuschlag.

Auch zur Marktanalyse bietet Nifty Gateway Infos, indem du dir beim jeweiligen Werk über den Button »View additional details« und den Folgebutton »Global History« die Verkaufsgeschichte anschauen kannst. Wenn du auf dem Zweitmarkt ein Werk kaufen willst, empfiehlt es sich übrigens nachzuschauen, ob es bei OpenSea günstiger zu haben ist als auf Nifty Gateway. Wer als Künstler seine Werke hier platzieren will, muss sich bewerben und bis zur Entscheidung mit einiger Wartezeit rechnen. Neuerdings gibt es neben kuratierten Werken auf der Plattform auch sogenannte »Verified Drops«, die nicht vom Unternehmensteam begutachtet (kuratiert) werden, sondern bei denen lediglich der angegebene Urheber verifiziert wird. Wenn du dich für Nifty Gateway interessierst: Dazu findest du auf meinem YouTube-Kanal unter dem Titel »NFTs mit Bargeld kaufen! So geht Niftygateway« auch ein Video, das die Plattform noch einmal ausführlich erklärt.[3]

SuperRare

SuperRare (https://superrare.com) versteht sich als exklusiver Marktplatz für die Erstveröffentlichung von Unikaten ausgewählter Künstler. Ende 2021 waren hier knapp 28.000 Werke gelistet – im Vergleich dazu ist OpenSea ein Riese. Zur Unternehmensphilosophie gehört, dass der Community hier vertretener Künstler und Sammler großer Einfluss eingeräumt wird. Aus diesem Grund rief die 2018 gegründete Plattform Mitte 2021 den »SuperRare curation token« ($RARE) ins Leben, der per Airdrop, also als »Geschenk« an jene ausgegeben wurde, die sich zuvor schon bei SuperRare engagiert hatten und Token-Inhabern umfassende Mitspracherechte einräumt, wie zum Beispiel bei der Auswahl neuer Künstler. Mit »Spaces«, digitalen Galerien, für die Künstler sich bewerben können und über deren Teilnehmer gemeinschaftlich abgestimmt wird, und »Exhibitions«, also Ausstellungen, in denen Werke verschiedener Künstler von Kuratoren zusammengefasst werden, greift SuperRare Konventionen des klassischen Kunstmarktes auf. Künstler zahlen hier eine vergleichsweise hohe Verkaufsprovision von 15 Prozent (die allerdings immer noch erheblich niedriger ist als die 30 bis 50 Prozent umfassenden Provisionen »analoger« Galerien), Käufer zahlen 3 Prozent Gebühren. Gehandelt wird in Ether. Bei SuperRare investieren unter anderem wohlhabende Sammler, die der Plattform im Oktober 2021 mit einem Monatsumsatz von 32,65 Millionen US-Dollar ein bis dahin unerreichtes Niveau bescherten.[4] Die Suchfunktionen auf SuperRare entsprechen denen anderer Plattformen. Du kannst nach Kunstkategorien und Künstlern suchen, die Preise aufsteigend und absteigend anzeigen lassen, schauen, für welches Kunstwerk es aktuell Gebote gibt, die Verkaufshistorie einzelner Künstler verfolgen und Ähnliches.

Zu SuperRare habe ich noch eine nette Geschichte. Im April 2021 habe ich mich ziemlich viel mit 1/1 Kunst vor allem auf dieser Plattform beschäftigt und einige Werke gekauft, von denen ich glaubte, dass sie ein gutes Investment sein könnten. Investiert habe ich hierfür alles in allem um die 20.000 Euro. Als im August dann der $RARE-Token herauskam, wurde dieser nach einem speziellen Verteilungssystem an Künstler und Sammler der Plattform ausgegeben. Ich erhielt damals als früher Sammler und Unterstützer 23.113 $RARE-Tokens, dafür, dass ich Kunst im Wert von 20.000 Euro gesammelt hatte. Diese 23.113 Tokens waren am 21.11.2021 ziemlich genau 48.075 Euro wert. Sie beteiligen mich bis ans Ende meiner Tage wie den Anteilseigner einer Firma am Erfolg von SuperRare. Jetzt kannst du vielleicht verstehen, warum ich NFTs so liebe ●.

So viel zu den aktuell wichtigsten Marktplätzen. Die Liste erhebt keinen Anspruch auf Vollständigkeit. Wenn du dieses Buch in den Händen hältst, sind sehr wahrscheinlich schon wieder neue Plattformen hinzugekommen. Ich bin aber zuversichtlich, dass du dich mit dem hier erworbenen Know-how auch dort souverän bewegen wirst.

Wie behalte ich den Überblick?

Eine der größten Herausforderungen im NFT-Bereich ist es, den Überblick über seine Investments zu behalten. Nach den ersten paar NFTs ist das noch nicht so schwierig, aber du wirst merken: Wenn dich das Fieber einmal gepackt hat, so wie mich, wirst du sehr schnell zum Jäger und Sammler. Ehe du dich versiehst, verfügst du plötzlich über 10, 20, 50 und irgendwann vielleicht sogar über 300 oder mehr NFTs. Wie haben sich meine Investitionen entwickelt? Was habe ich damals, als ich sie gekauft habe, eigentlich bezahlt? Und was sind die Dinger jetzt wert? Diese Fragen beschäftigten mich mehr und mehr. Die ganzen Daten sind ja da und öffentlich auf der

Blockchain einsehbar. »Warum«, fragte ich mich irgendwann, »gibt es denn nicht, genauso wie bei Aktien, eine Portfolio-Software, die einem eine saubere Übersicht verschafft?« Wie es das Universum will, lernte ich »zufällig« einen Blockchain-Programmierer kennen – und zwar einen, der so gut ist, dass er schon bei vielen Projekten ganze Blockchain-Programmierer-Teams überwachte und diese Projekte leitete. Ihm klagte ich mein Leid, dass es kein gutes Tool gebe, das mir, als jemandem, der seine Assets gerne überwacht und schaut, wie sie sich entwickeln, zur Seite steht. Nach vielen Stunden gemeinsamer Zoomcalls und mehreren Monaten Entwicklungszeit

mit einem Team versierter Programmierer war es dann endlich so weit. An meinem Geburtstag, dem 9.12., erblickte nftfolio.io das Licht der Welt. Eine NFT-Portfolio-Software, die alles liefert, was ich als NFT-Freak brauche: Was haben meine Assets gekostet? Was sind sie heute wert, und zwar nicht nur nach den Angeboten auf Open-Sea, die ja oft Fantasiepreise sind, sondern was sind sie wert nach »recently sold«, also dem letzten Verkauf? Oder auch: Was sind sie wert nach dem letzten Verkauf eines meiner NFTs mit dessen wertvollstem »trait« (du erinnerst dich: einem seltenen Attribut, das es so besonders macht)? Wie viel hat der letzte Verkauf eines Bored Apes mit Pimp Coat eingebracht? Und was hat er mich damals beim Minten gekostet, vor allem inklusive der Gas Fees? Eine der größten Herausforderungen, die bis jetzt ausschließlich diese App meistert. Seit ich dieses Tool benutze, kann ich endlich das tun, was ich am liebsten mache: Jeden Morgen checken, wie sich mein Portfolio entwickelt. Und zwar realistisch. Ich liebe es und kann es, weil ich es selbst entwickelt habe, jedem allerwärmstens empfehlen (https://www.nftfolio.io/). Und zwar egal, ob du Flipper bist, NFTs sammelst oder einfach nur dein Geld gerne siehst.

Eine Strategie verfolgen: Flippen, Sammeln, Fraktionalisieren

Schon die Vielzahl der Marktplätze zeigt: Der NFT-Markt ist seit Anfang 2021 förmlich explodiert. Die Zahl der Wallets/Käufer wie auch die Umsätze haben sich in sehr kurzer Zeit vervielfacht. Man kann sich angesichts der täglich wachsenden Angebote, der Vielfalt der Künstler, der vielen Drops und Ankündigungen in der NFT-Welt leicht verlaufen. Ich empfehle dir: Lass dich nicht von der Hoffnung auf sofortige Maximalgewinne zu unüberlegten Handlungen treiben. Du weißt ja: Gier frisst Hirn. Orientiere dich erst einmal und überlege, wo dein Hauptinteresse liegt. Drei grundsätzliche Möglichkeiten, dich im NFT-Bereich zu engagieren, möchte ich dir in diesem Abschnitt vorstellen.

Flippen: Schnell kaufen und schnell wieder verkaufen

Dies ist die Strategie der Glücksritter: vielversprechende Projekte aufspüren, NFTs zu einem günstigen Preis erwerben oder am besten gleich auf der Originalwebsite minten und anschließend mit hohem Gewinn wieder verkaufen. Dieses Verkaufsprinzip bezeichnet man als »Flippen«, und es ist natürlich nicht auf NFTs beschränkt. Manche Youngster, die früher begehrte Sneakermodelle aufgekauft und gewinnbringend wieder losgeschlagen haben, steigen inzwischen auf NFTs um. Alles, was rar und begehrt ist, lässt sich flippen, wenn du klug einkaufst.

Klar ist: Zum Flippen brauchst du erstens eine halbwegs sichere Einschätzung, welche Projekte schnell und stark im Wert steigen könnten. Ohne Glaskugel bist du dabei auf deine Erfahrung und idealerweise auch wertvolle Insidertipps anderer angewiesen. Zweitens musst du früh dran sein, damit dieses Geschäft sich lohnt – du musst kaufen, bevor der Hype losgeht. Einen Bored Ape konnte man anfangs günstig einkaufen und dann lukrativ flippen. Schon am letzten Veröffentlichungstag hatten sich die Affen-Preise bis zum Abend versechsfacht. Bei den CryptoPunks hat es ein bisschen gedauert, bis die Preise stiegen. Heute werden beide viel zu hoch gehandelt, um ohne gut gefüllte Wallet einen schnellen Ether damit zu machen. Wenn du dich in der Szene auskennst, vielversprechenden Künstlern folgst und dich noch dazu über anstehende »Drops« informierst, sind deine Chancen am besten. Drop-Infos bekommst du auf Verkaufsplattformen, aber auch auf Websites und Social-Media-Accounts der Künstler

selbst oder in einschlägigen Gruppen bei Twitter oder Discord. Bist du zu spät dran, ist der Drops meist schon gelutscht, wenn du mir diesen Kalauer erlaubst. Vorsicht ist angebracht bei Artikeln in Online-Medien oder allgemeinen Seiten im Netz, die dir Geheimtipps im NFT-Bereich versprechen. Hinter angeblichen Insidertipps kann sich bezahlte Werbung verbergen (und tut es in der Regel auch). Dann folge lieber anerkannten Influencern, die ich dir im nächsten Kapitel zum Thema »Communities« vorstelle. Und natürlich gibt es auch von Experten geführte Foren und nicht zuletzt meine Mentoring-Gruppe, in der du exklusive Tipps bekommst, vor allem sehr zeitnah, indem ich über meinen Telegramkanal meine Mitglieder schnellstmöglich informiere, wenn etwas Interessantes auftaucht! Bei mir wohlgemerkt nicht zum Flippen, denn ich selbst verfolge fast ausschließlich eine langfristige Buy-and-hold-Strategie, allerdings angereichert mit interessanten Projekten, die schönen, konstanten Cashflow bringen, wie DeFi-Protokolle oder die Decentralgames-Poker-NFTs.

Bei all dem Getöse solltest du immer damit rechnen, dass marketingaffine Künstler oder auch NFT-Besitzer im Netz geschickt einen Hype um bestimmte Projekte erzeugen, und dass dieser Hype nach Projektstart so plötzlich in sich zusammenfällt wie ein Käsesoufflé in kalter Zugluft. In der Szene spricht man dann davon, dass jemand im Eigeninteresse Projekte »shillt«. Damit weißt du auch, was es bedeutet, wenn jemand in den Social Media aufgefordert wird: »Stop shilling your project!« Mehr zum Szenejargon, der für Neulinge ziemlich rätselhaft (eben im Wortsinn »kryptisch«) ist, liest du im nächsten Kapitel. Dort gibt es auch eine Vokabelliste, die dir weiterhilft. Hätte ich sie selbst in meiner Anfangszeit als NFT-Fan schon gehabt, hätte ich viele Stunden Recherche gespart.

»Flippen und schnell mit Gewinn weiterverkaufen, funktioniert das überhaupt noch? Schließlich wird der Markt inzwischen mit NFTs förmlich überschwemmt.«

»Das stimmt: Der Hype, den NFTs ab Sommer 2021 erfahren haben, hat auch dazu geführt, dass immer mehr Projekte auf den Markt geworfen werden, von denen längst nicht alle vielversprechend sind. Einsetzen solltest du beim Flippen daher nur Geld, dessen Verlust du verschmerzen kannst. Und ohne sorgfältige Recherche funktioniert es nicht! Außerdem solltest du die Beurteilungskriterien anlegen, die ich dir hier gleich erkläre. Und wenn du meine ehrliche Meinung hören möchtest: *It´s not about timing the market, it´s about time in the market.* Ich halte nichts davon zu versuchen, den niedrigsten Einstiegs- und den höchsten Ausstiegspunkt zu erwischen. Ja, findige Flipper haben mit den Bored Apes am 1. Mai 2021 ihr Geld fast versechsfachen können. Mit meiner langfristigen Haltestrategie bin ich bei den Apes inzwischen jedoch bei einer Verneunhundertsiebenunddreißigfachung angekommen.«

Bei der konkreten Einschätzung eines Projekts helfen dir die bekannten Kriterien:

- Von wem ist das Projekt?
- Bietet es etwas Neues oder ist es ein Nachahmer-Projekt?
- Ist der Künstler bereits bekannt?
- Wie sind bisherige Projekte gelaufen?

- Wie viele Follower hat der Künstler in den sozialen Medien? Und wie ist deren Engagement? (Achtung bei wenig Interaktion: Es könnten Bots am Werke sein!)
- Ist die Roadmap schlüssig, bietet sie Interessantes?
- Ist das Projekt auf Langfristigkeit angelegt oder geht es nur ums Geld?
- Schafft das Projekt einen Wert in der Gesellschaft und für die Sammler?

Schau dir daneben auch Daten über den Verkaufsprozess an:

- Besteht großes Interesse an einem Projekt – wird sehr schnell sehr viel gemintet? Oder dauert es länger, bis das Projekt ausverkauft ist? Allerdings waren einige der später erfolgreichsten Projekte nicht innerhalb von Minuten ausverkauft. Punks Comic zum Beispiel, ein sehr erfolgreiches Projekt, hat fünf Wochen gebraucht, bis alle 10.000 Stück des ersten Drops verkauft waren.
- Wie stark werden NFTs aus dieser Serie auf Plattformen gehandelt? Wie hoch ist das Handelsvolumen (zum Beispiel »Volume traded« bei OpenSea)? Wie entwickelt sich der Preis?
- Gibt es Whitelists? Oft ist es ein ziemlicher »Tanz«, auf eine solche Liste zu kommen, die es dir ermöglicht, früh zu minten. Manchmal wird hier auch eine künstliche Verknappung erzeugt für NFTs, an denen in Wirklichkeit nur wenige Interesse haben.
- Ist der Mintpreis gleichbleibend für alle? Oder verwendet das Projekt eine sogenannte Bonding Curve (auch FOMO-Curve genannt), bei der der Preis mit der Anzahl der verkauften Tokens steigt? Aus meiner Sicht ist das kein allzu gutes Zeichen.
- Wenn es ein PFP-Projekt ist, kaufst du und bekommst sofort zu sehen, was du gemintet hast *(direct reveal)* oder ist die »Enthüllung« erst später? Kleiner Tipp: Wenn du so etwas gemintet

hast und siehst noch nicht, was du hast, geh einfach auf die Seite deines NFTs auf OpenSea und betätige rechts oben den Kreisel mit dem Pfeil »refresh metadata«. Lade danach die Seite neu. Manchmal musst du das auch ein paar Mal hintereinander machen.

Der Gott aller Flipper ist übrigens Pranksy, ein bekannter NFT-Sammler, der mit Flipping den Grundstein für sein Vermögen gelegt hat. So mintete er gleich zu Beginn 1.500 Bored Apes und verkaufte diese sehr profitabel weiter. Einem Tweet von Pranksy verdanke ich übrigens, dass ich selbst auch zehn Bored Apes gemintet habe. Heute besitzt Pranksy angeblich die größte NFT-Sammlung der Welt, gemessen an der Stückzahl der NFTs.[5] Er macht immer wieder Schlagzeilen, wie etwa im September 2021, als er durch den Verkauf eines gerade für 1.000 ETH erstandenen CryptoPunks mit seltenen Merkmalen in nur acht Stunden um 1,22 Millionen US-Dollar reicher wurde. Er verkaufte Punk #6275 für 1.320 ETH weiter. Hätte er sich ein bisschen früher dazu entschlossen, wären sogar 1.600 ETH drin gewesen, was seinen Gewinn fast verdoppelt hätte.[6] Ist das Ganze nun Glück oder Pech? Zumindest beweist es: Nobody's perfect, nicht mal Flipper-Götter. Das deutete sich bereits einen Monat vorher, im August 2021, an, als Pranksy ein angebliches Banksy-NFT erstand und dabei einem Betrüger auf den Leim ging.[7] Außer als Sammler macht Pranksy auch durch Charity (Versteigerung von NFTs für gute Zwecke) und als Unternehmer auf sich aufmerksam. Er ist beispielsweise Mitgründer von NFT Boxes (www.nftboxes.io), wo man NFTs nach dem Wundertütenprinzip erwerben kann. Wer sich hinter dem (auf Banksy anspielenden?) Pseudonym »Pranksy« verbirgt, ist übrigens nicht bekannt.

Sammeln: Langer Atem und bestimmte Interessen

Anders als Flipper setzen Sammler/Investoren auf eine langfristige Wertentwicklung ihrer NFTs. Zu dieser Gruppe zähle ich mich selbst. Wie im Bereich der traditionellen Kunst träumt jeder NFT-Sammler davon, neue Künstler oder Kunstwerke zu entdecken, die dann groß herauskommen und deren Ruhm auf den Sammler abstrahlt. Verantwortlich dafür ist eine Mischung aus Beharrlichkeit, Expertise und ein bisschen Glück – wie ich es beispielsweise beim Minten der Bored Apes hatte, von denen ich genau zum richtigen Zeitpunkt erfuhr. Während beim Flippen der schnelle Gewinn im Vordergrund steht, spielt beim Sammeln die Kunst als solche und die Erwartung langfristiger Wertsteigerungen eine wichtigere Rolle. Als Sammler gehst du dabei vor wie ein Aktionär, der in eine Reihe von Einzelaktien investiert und darauf hofft, dass einige wenige davon durch die Decke gehen und etliche im Wert zumindest stabil bleiben. Dann ist es zu verschmerzen, dass einige andere drastisch an Wert verlieren werden. Natürlich kann man auch beide Strategien – Flippen und Sammeln – parallel verfolgen, siehe Pranksy.

Bekannte Sammler im NFT-Bereich sind neben Pranksy beispielsweise Mark Cuban, der eine beeindruckende Sammlung besitzt, der schon mehrfach erwähnte Gary Vaynerchuk (Gary Vee), Metakovan, der Beeples 69 Millionen teure Collage »Everydays« kaufte, außerdem FlamingoDAO, Jimmy McNelis (J1mmy.eth), Gmoney und Beanie (beaniemaxi). Wenn du dir Sammlungen solcher NFT-Investoren ansehen willst, schaust du am besten, wer sich auf Twitter als interessant herausstellt. Solche Menschen verfügen in der Regel über Adressen mit der Endung .eth. Über diese Adressen findest du deren Wallets. Ein paar interessante Wallets sind die von Beaniemaxi, pranksy.eth, gmoney.eth, j1mmy.eth oder Gennady, das ist eine von Gary Vees Wallets. Meine wichtigsten Wallets findest du unter den Namen »Warrenhimself« und »Warrenvault«. Übrigens kannst du in einer Portfolio-Software wie nftfolio.io jede dieser Wallets verbinden und schauen, wie viel Geld diese Herren in JPEGs angelegt haben.

Als Sammler kannst du dich entweder breit aufstellen oder auf bestimmte Kunstformen konzentrieren. Du könntest zum Beispiel hauptsächlich Fotokunst, ausschließlich Generative Art, vorwiegend NFTs im Filmbereich, nur Werke bestimmter Künstler oder Ähnliches sammeln. Wenn ein Gebiet dich besonders interessiert, bietet sich eine solche Fokussierung an. Umgekehrt sollte nicht unbedingt mit Film-NFTs spekulieren, wer Tarantino für eine italienische Süßspeise hält. Der Vorteil der Fokussierung: Du kannst dir leichter tiefgehende Expertise aufbauen oder schon auf Kenntnisse aus dem Bereich nicht-digitaler Kunst zurückgreifen. Das macht es einfacher zu entscheiden, welchen Künstlern, welchen Twitter-Accounts, Discord-Channels usw. du folgen willst. Und du läufst weniger Gefahr, im immer größer werdenden NFT-Dschungel den Wald vor lauter Bäumen nicht mehr zu sehen. Eine Sammlung aus einem Guss kann überdies einschlägig interessierte Käufer auf dich aufmerksam machen. Und solltest du irgendwann verkaufen wollen, kann der Besitz von bestimmten Sets von Werken sich preissteigernd auswirken. So gibt es zum Beispiel Sammler, die sich ausschließlich auf die schwarz-weißen Mints aller Art Blocks Curated-Projekte spezialisieren, oder Sammler, die nur Bored Apes oder CryptoPunks oder Veefriends sammeln.

Fraktionalisieren

Wenn dir momentan das Kleingeld für einen berühmten NFT wie beispielsweise einen CryptoPunk fehlt, kannst du dich trotzdem an einem legendären Projekt beteiligen: Du kaufst Anteile an einem Punk, ähnlich wie beim Kauf von Anteilen an einem Unternehmen durch Aktien. Dazu wird der NFT, der als Ganzes nicht-fungibel (nicht austauschbar) ist, zerschlagen – »fraktionalisiert« – in eine hohe Zahl von identischen Tokens oder Coins. Der NFT ist wohlgemerkt nicht fungibel, die Coins, durch die er fraktionalisiert ist, sind fungibel und können deshalb ganz einfach einzeln gehandelt werden. Die Zahl der Anteile, die Besitzer festlegen, variiert dabei von zehn- oder hundert-tausend bis in den Milliardenbereich, wie etwa beim berühmten Doge NFT, ein NFT, der das Originalfoto des DOGE-Coin-Hundes fraktio-nalisiert. Abhängig davon, wie viele Anteile von einem bestimmten NFT noch verkäuflich sind, kannst du beliebig viele oder nur sehr wenige erwerben – oder dich schon mit kleinen Summen beteiligen, indem du nur den Bruchteil eines Anteils (0,1 beispielsweise, oder auch 0,001) erwirbst. Mit vielleicht nur 100 Euro bist du dann dabei. Kommt es zum »Buyout«, will also jemand alle Anteile und damit das komplette NFT kaufen, setzt auf den Plattformen eine Versteigerung ein. An deren Erlös wirst du dann proportional in Höhe deiner Anteile beteiligt. Für den Anteilserwerb gibt es spezielle Plattformen, auf denen NFT-Besitzer ihre Werke fraktionalisieren und die Anteile zum Kauf anbieten können: Die wichtigste Seite für fraktionalisierte NFTs ist https://fractional.art.

Das alles hört sich einfach an, hat aber auch seine Tücken, denn natürlich musst du auch hier (wie bei jedem NFT-Kauf) sorgfältig abwägen, ob der aktuelle (Anteils-)Preis gerechtfertigt ist. Dazu kannst du dir die Kurshistorie des jeweiligen Coins ansehen (viele gibt es sogar auf coingecko.com) und so prüfen, ob die Anteilspreise aktuell steigen oder sinken. Wenn es sich um einen NFT aus einer größeren Serie handelt, verschaffst du dir am besten zusätzlich einen Überblick über die Preisentwicklung der Serie insgesamt (siehe dazu den Abschnitt über OpenSea und die Suchfunktionen dort). Du kannst beispielsweise nachschauen, zu welchen Preisen vergleichbare NFTs (beispielsweise CryptoPunks mit ähnlicher Merkmalskombination) gehandelt werden. Kürzlich erzielte Verkaufspreise (»Recently Sold«) sind dabei aussagekräftiger als bloße Preisforderungen, die bei der Sortierung »Price: High to Low« oder »Low to High« zugrunde gelegt werden. Dasselbe gilt sinngemäß für die Preise, zu denen Unikate eines bestimmten Künstlers gehandelt werden. Auf dieser Basis kannst du abschätzen, ob ein fraktionalisierter NFT bei Addition aller Anteile aktuell unterbewertet oder schon überbewertet ist.

Außerdem solltest du sorgfältig prüfen, ob du auch wirklich das kaufst, was du glaubst zu kaufen. https://fractional.art warnt neue Nutzer einleitend aus gutem Grund vor Fakes bekannter NFTs und anderen Risiken und hat einen grünen Haken für verifizierte Angebote eingeführt. Hinzu kommt, dass der Verkauf deiner Anteile nicht unbedingt jederzeit möglich ist, da hinter der Fraktionalisierung ein Liquiditätspool steckt. Nur, wenn gerade genügend Ether in diesem Pool sind, bekommst du dein Geld beim Verkauf zurück. Sonst musst du mit Wartezeiten rechnen, bis irgendwann (hoffentlich) wieder genügend Liquidität vorhanden ist, was allerdings spätestens nach einem erfolgten Buyout der Fall ist. Bei fractional.art gibt es dazu den Warnhinweis »This vault has low liquidity, proceed with caution.« Das fasst es ganz gut zusammen: Vorsicht ist nicht nur die Mutter der Porzellankiste, sondern auch die einer vielversprechenden NFT-Wallet! Und je länger du dabei bist, desto sicherer wirst du dich in dieser Welt bewegen. Dabei helfen dir auch Communitys im Netz, die ich dir im nächsten Kapitel vorstelle.

Quellen

1   Falls du dir die einzelnen Schritte zu einer eigenen MetaMask zusätzlich in einem Video zeigen lassen möchtest, empfehle ich dir dazu das von Kyle Hoss unter dem Titel »MetaMask komplettes Tutorial« (https://www.youtube.com/watch?v=KDnhtAx-xc8)
2   Quelle: https://beta.musikwoche.de/details/462714
3   Vgl. https://www.youtube.com/watch?v=qH8XKDK7POQ
4   Quelle: https://cryptomonday.de/verkaeufe-auf-dem-nft-marktplatz-superrare-erreichen-ein-allzeithoch/
5   Quelle: https://watcher.guru/news/who-is-the-mastermind-behind-bored-ape-yacht-and-cryptokitties
6   Quelle: https://gagadget.com/de/76485-renommierter-nft-sammler-verdient-122-millionen-dollar-in-acht-stunden/
7   Quelle: https://coincierge.de/2021/top-nft-sammler-abgezockt-unbekannte-stehlen-ethereum-im-wert-von-325-000-euro/ Mehr zu Fallen und Risiken in der NFT-Welt im übernächsten Kapitel.

DIE NFT-COMMUNITY – IHRE (GEHEIM-) SPRACHE UND IHRE SPIELREGELN

———— »Jfc, TF floor 200 Eth, LFG! Lfmao! No shill, tbh this is wife changing money●✈WGMI!!« *Wenn du das problemlos verstehst, überspring dieses Kapitel einfach, bro. Für alle anderen folgt nun ein Sprachkurs, Reiseführer und kleines Knigge-Seminar für die Welt der NFT-Communities, und das auf weniger als 20 Seiten. Diese Seiten haben es in sich, denn darin stecken ungezählte Stunden Recherche, mit der ich meine anfängliche Ratlosigkeit in den Griff bekommen habe. Als Neuling fühlt man sich in der NFT-Welt anfangs wie auf einem fremden Planeten. Die Eingeborenen erwecken den Eindruck, als würden sie Englisch sprechen, aber in Wahrheit ist es ein Kauderwelsch, und obendrein verhalten sie sich irgendwie seltsam. Dabei sind die Communitys auf Twitter oder Discord der Schlüssel zum Investitionserfolg. Hier werden Tipps ausgetauscht, Warnungen ausgesprochen, interessante Projekte diskutiert. Hier gibt es (auch) ungefilterte Infos, nicht getrübt durch bezahlte Werbung oder durch Halbwissen, wie es in traditionellen Medien manchmal verbreitet wird. Voraussetzung ist allerdings, dass du weißt, wem du trauen kannst und welche Communitys dich wirklich weiterbringen.*

»I aped WSB. But dyor«: Unverzichtbare Vokabeln

In der NFT-Sprache vermischen sich bekannte Abkürzungen aus dem Netz (wie »lol«) mit Kryptoslang bzw. Kryptoabkürzungen und Eigenprägungen aus der NFT-Szene zu einem Idiom, das jeden Sprachwissenschaftler mit seinem Fantasiereichtum begeistern würde. »*I aped WSB*« bedeutet beispielsweise, »*Ich habe ohne viel Hintergrundwissen eine große Summe in die Profile Picture-Serie ›Wall Street Bulls‹ investiert*«. Verbunden wird diese Aussage mit der Warnung »*But dyor*« – »*Stell lieber eigene Recherchen an, bevor du das auch tust*« (dyor = *do your own research*). Und da wir gerade beim Übersetzen sind: »*Jfc, TF floor 200 Eth, LFG! Lmfao! No shill, tbh this is wife changing money*●✈ *WGMI!!*« bringt eine Menge Botschaften auf den Punkt: »*Jesus fucking Christ, Twin Flames Floor Price 200 Ether, let's fucking go! Laughing my fucking ass off. No shill, to be honest, this is life changing money. We gonna make it!*« Ein Deutschlehrer würde das ungefähr so übersetzen: »*Unglaublich, der Basispreis für Twin Flames liegt gerade bei 200 Ether. Lass uns loslegen! Ich lach mich krank! Und ich versuche hier nicht, aus Eigennutz dieses Projekt zu pushen. Ehrlich gesagt: Das ist ein Investment, das dein Leben verändern könnte. Wir werden es schaffen!*« Aber wer hat schon Zeit, solche Romane zu schreiben? In der Zeit kann man locker das nächste vielversprechende NFT minten.

Die wichtigsten Wendungen und Abkürzungen der NFT-Communitys habe ich hier zusammengestellt. Mein ausdrücklicher Dank gilt hierfür Punk6529 (@punk6529), der im Herbst 2021 auf Twitter begann, englische Ausdrücke zu sammeln und dessen Funde mit in die folgende Liste eingeflossen sind.[1]

DIE GEHEIMSPRACHE DER NFT-SZENE:

HÄUFIGE ABKÜRZUNGEN UND WENDUNGEN

NFTlerisch	Deutsch
1/1 art »1 of 1«	Kunst-Unikat, Einzelwerk
1/10, 1/1024 usw.	Ein Werk aus einer Serie von 10, 1024 usw.
AB	Art Blocks (wichtiger und erster großer Marktplatz für Generative Art)
afaik	As far as I know (Soweit ich weiß)
alpha	Alphawissen, also ein Wissensvorspung, der beispielsweise ein lohnendes Investment ermöglicht
alt	Alternativ
AMA	Ask me anything (Frag mich, egal was). Auch Bezeichnung für (Live-)Fragerunden auf Discord, Twitter usw.
anon	Für »anonymous«. Bezieht sich auf Personen, die unter einem Nickname, also nicht ihrem echten Namen, im Netz agieren.
apeing (»I will ape in«, »I aped in«)	Wörtlich etwa »sich wie ein Affe verhalten«. Ohne Hintergrundwissen große Summen investieren; etwas kaufen, was vielversprechend aussieht, ohne Recherche.
atm	At the moment (momentan, jetzt)
BA, BAYC	Bored Ape, Bored Ape Yacht Club
bags	Wörtlich: Taschen. Gemeint sind die NFTs, die man besitzt. »My AB bags« sind also meine Art-Blocks-NFTs
Boomer	Angehöriger der Babyboomer Generation (geb. 1946-1964), aber auch junge Menschen, die gedanklich unflexibel und altmodisch sind

brb	Be right back (Bin gleich zurück)
bro	Brother (Bruder, Kumpel)
buying on secondary	Auf dem Zweitmarkt kaufen (z. B. bei OpenSea)
cash grab	Wörtlich »Geld abgreifen«. Projekt, bei dem es nur um schnellen Gewinn geht, bevor die Macher mit dem Geld abtauchen. Oft in Zusammenhang mit NFT-Projekten von Prominenten, die vorher nie in dem Space unterwegs waren.
clout (»to have clout«)	Wörtlich »Schlagkraft«. »To have clout« bedeutet Einfluss haben. Viele bei Twitter versuchen, sich eine Community aufzubauen, um mehr Einfluss zu bekommen.
cmb/cyb	Count my/your blessings (Ich kann/du kannst von Glück sagen)
cope	Wörtlich »zurechtkommen, bewältigen«. Wider besseres Wissen etwas nicht kaufen, weil man es immer noch bereut, nicht schon eher und günstiger eingestiegen zu sein. Das Gegenteil von → FOMO
CP	CryptoPunk
ded	Dead (tot), gemeint ist: wertlos
degen	Degenerate (degeneriert) für verrückte Aktionen/ Investitionen, im positiven wie negativen Sinne (bewundernswert waghalsige oder unvernünftig riskante Manöver)
delist	Wörtlich »auslisten« für nicht länger zum Verkauf anbieten (z. B. auf OpenSea, wenn der Floor Price/ Basispreis so schnell steigt, dass man Gefahr läuft, unter Wert zu verkaufen)
derivatives	Wörtlich »abgeleitetes« Projekt, also Nachahmer-projekt. Beispiel: diverse alternative, sogenannte »Alt-Punk«-Serien im Gefolge der CryptoPunks

dgaf	Don't give a fuck (Das ist mir scheißegal)
doggo	Hund, den es als Geschenk für alle Bored-Ape-Besitzer gab → Kennel
$ (Dollar-zeichen)	Das Dollarzeichen am Anfang von Buchstaben-kombinationen zeigt meist an, dass es sich um eine Kryptowährung handelt. Beispiele: $ETH, $BTC
dope	Cool, mega (»This is dope!«)
dyor	Do your own research (Stell selbst Recherchen an, mach dich selbst schlau)
engagement farming	Kontroverse Tweets absetzen, um viel Engage-ment in den Kommentaren darunter und damit mehr Reichweite vom Algorithmus zu bekommen.
EoY	End of Year (Jahresende)
facemelt	Wenn die Preise durch die Decke gehen, sagt man »prices will facemelt upwards«.
few	Wenige, für »Few understand«. Gemeint ist: Nur wenige verstehen, was hier passiert, und wir gehören zum Kreis der Eingeweihten.
FOMO	Fear of missing out (Angst, etwas zu verpassen). In etwas investieren, aus Angst, das könnte das nächste große Ding sein und man wäre nicht dabei. (»I FOMOed Pudgy Penguins.«)
fren (pl. frens)	Steht für englisch »friends« (Freund)
FUD	Fear, uncertainty and doubt (Angst, Unsicherheit und Zweifel). Steht für den Zeitpunkt, zu dem man noch nicht abschätzen kann, wie ein Projekt sich entwickeln wird. (Ironisch: »50 ETH for a Bored Ape is FUD.« Hier ist gemeint, dass der Preis so steigen wird, dass das viel zu billig ist.)
fwiw	For what it's worth (Wenn du mich fragst, nur mal nebenbei bemerkt)

Gang Gang	Schwer zu übersetzen. Meint ungefähr: »Wir gehören zur selben Gang« aufgrund der NFTs, die wir haben
genesis piece	Das erste Stück eines Künstlers
GG	Good Game (eine coole Sache) (*»This is a GG«*)
gm	Good morning (Guten Morgen). Wenn du das liest, schreib's zurück (»say it back«)
gmi	Gonna make it (Du wirst es schaffen)
gn	Good night (Gute Nacht)
GOAT	Greatest of all time (Größte/r aller Zeiten), drückt Respekt und Bewunderung aus. Manchmal auch in Form eines Ziegen-Emojis, da »goat« Ziege bedeutet
grail piece	Ein besonders gefragtes Stück aus einer Serie (Beispiel: die »tulip«, ein Fidenza von Tyler Hobbs, der aussieht wie eine Tulpe)
HEN	Hic et Nunc. Eine Plattform, auf der NFTs auf der Tezos Blockchain gehandelt werden
hfsp	Have fun staying poor (Hab Spaß beim Armbleiben). Herablassende Bemerkung an alle, die Krypto/NFTs für überschätzt, eine Blase oder Betrug halten
hmu	Hit me up (Melde dich bei mir. Gemeint ist in der Regel über dm, also *direct message*/Direktkontakt).
hodl	Verballhornung von »to hold« (halten), also etwas nicht rasch verkaufen. Das Substantiv dazu ist »Hodler«. Geht auf ein Internet-Meme zurück, in dem ein Krypto-Investor sich leicht angetrunken vertippte. Es ist also nicht, wie oft behauptet, die Abkürzung für »hold on for dear life«.

HW	Hardware Wallet wie zum Beispiel Ledger. In manchen Kontexten auch einfach für »Hardware«
I see what you did there	Wörtlich »Ich sehe, was du gemacht hast«. Ausdruck des Respekts (ungefähr »Cool, was du gemacht hast«)
idgaf	I don't give a fuck (Das ist mir egal)
imo	In my opinion (Meiner Meinung nach)
IRL	In real life (Im echten Leben)
IYKYK	If you know you know (gemeint ist: Du weißt, was das bedeutet, du gehörst zu den Eingeweihten)
jfc	Jesus fucking Christ (ein Ausruf des Erstaunens bzw. Fluch, den jeder US-Sender mit einem »Beep« übertönen würde)
JPGs (JPEGs)	Gemeint sind NFTs verschiedener Formate (JPGs, aber auch GIFS, PNGs, Audiodateien oder Spiele). Oft selbstironisch gebraucht: »*JPEG-rich, but FIAT-poor*« (also Besitzer eines wertvollen NFT-Portfolios, aber arm an traditionellem Geld wie Euro oder Dollar)
Kennel	Hund, den es als Geschenk zu jedem Bored Ape gab → doggo
KO	Known Origin. Eine NFT Handelsplattform
LFG	Let's fucking go! (oft in Kombination mit dem Raketen-Emoji). Drückt in der Regel Begeisterung über einen gerade stattfindenden rasanten Kursanstieg aus
LL	Larva Labs, die Erfinder der CryptoPunks, Autoglyphs und Meebits
Lmao (auch Lmfao)	Laughing my (fucking) ass off (Ich lach mich schief)
Lmk	Let me know (Sag mir Bescheid)

Love to see it / Hate to see it	Freue mich, das zu sehen / Hasse es, das zu sehen. (Kann wörtlich, aber auch ironisch gemeint sein, sodass sich die Bedeutung ins Gegenteil verkehrt.)
Mam	Für »Madam«. Wie auch »Ser« eine respektvolle Anrede, um jemandem seine Meinung mitzuteilen
Maxi	Für Bitcoin Maximalisten, die glauben, dass ihre Kryptowährung bzw. Blockchain die allerbeste ist
McDonald's	Spaßhaft für den Plan B, wenn es mit den NFTs nicht klappt: eine Stelle bei McDonald's annehmen
Meatspace (Meatverse)	Wörtlich etwa »Fleischwelt«, auch als Anspielung auf Metaverse. Eine andere Bezeichnung für »IRL« (In Real Life = im echten Leben)
melting faces	→ facemelt
MM	MetaMask
moon	Mond, hier als Verb gebraucht für »extrem durchstarten«. (*»Bored Apes gonna moon!«*)
NFA	No financial advice (Kein finanzieller Rat/keine Anlageberatung), Standardfloskel zur Absicherung gegen Schadensersatzansprüche, oft in Verbindung mit dyor (do your own research) verwendet. Wird manchmal auch veralbert zu »No France Advice« und mit der französischen Flagge kombiniert.
ngl	Not gonna lie (Um ehrlich zu sein)
No France Advice	Veralberung von »No Financial Advice« → NFA.
ngmi	Not gonna make it (Du wirst/ich werde es nicht schaffen), sagt man, wenn jemand etwas besonders Dummes von sich gibt – oder auch selbstironisch über die eigene Person.

Noob/Pleb	Newbie/Pleb(e)ian, also (ahnungsloser) Anfänger. Wird auch verwendet, um sich auf humorvolle Weise selbst auf die Schippe zu nehmen. Gegenteil von → OG
nvm	Never mind (Egal, mach dir keinen Kopf)
ofc	Of course (selbstverständlich)
OG	Original Gangster (respektvoll für Menschen, die bei etwas von Anfang an dabei waren, bzw. die Ersten waren). Gegenteil von → Noob
paper thin floor	Nur wenige Stücke zum floor price. Wenn von 100 NFTs einer Serie, die zum Verkauf stehen, zum Beispiel drei für 29 Ether gelistet sind und ab dann alles nur noch 30 Ether aufwärts kosten soll, ist das ein paper thin floor.
PFP	Profile Pictures wie z. B. die CryptoPunks oder Bored Apes
PoS / PoW	»Proof of Stake« / »Proof of Work« (siehe Glossar)
ppl	People (Leute).
Probably nothing	Wörtlich »wahrscheinlich nichts«, wird aber oft verwendet, um exakt das Gegenteil auszudrücken: Das ist ein ziemlich großes Ding!
Props!	Proper respect! (als Ausdruck der Bewunderung)
pump (pamp)	Stark im Wert steigen (»BAYC is pumping hard.«)
rare	Selten. Wird meistens für »looks rare« wörtlich oder ironisch gebraucht, also als Anerkennung für wirklich Seltenes, aber auch für Massenware.
rekt	Für »wrecked« (zerstört, vernichtet). Man ist »rekt«, wenn man etwas gekauft hat, was danach preislich abstürzt. Oft gefolgt von → rip

right click save as	(Befehl, mit dem man am PC Bilder runterladen kann) Leicht abschätzig für Nicht-NFT-ler, die glauben, man könne NFT-Inhalte auch durch einfaches Herunterladen aus dem Netz »besitzen«.
rip	R.I.P. (Rest in Peace), Ruhe in Frieden. Oft in Verbindung mit → rekt
rn	Right now (jetzt, im Moment)
Rug (»it's a rug« oder »getting rugged«)	Verkürzung von »rug pulled« (wörtlich »den Teppich unter den Füßen wegziehen«, im übertragenen Sinne auch »den Stecker ziehen«). Wird verwendet, wenn Entwickler einige Zeit nach dem Launch ein Projekt sich selbst überlassen und sich mit dem bisher verdienten Geld aus dem Staub machen.
salty	Wörtlich salzig, steht hier für weinerlich (wegen salziger Tränen). Wird oft zu Kritikern der NFT-Szene gesagt, die genervt sind, dass dort Millionenvermögen gemacht werden. *(»Don't be salty!«)*
seems legit	Kurz für »seems legitimate«. Meint, dass ein Projekt seriös und vielversprechend aussieht. Kann ernst gemeint sein oder auch ironisch
Ser	Anrede, die in der Szene (oft ironisch) höflich angewendet wird, wenn man nicht weiß, ob man es mit einer Frau oder mit einem Mann zu tun hat.
shilling	Ein Projekt aus eigennützigen Überlegungen pushen, weil man etwas davon gekauft hat oder weil es das eigene ist. *(»Stop shilling your project!«* oder auch als Beteuerung: *»No shill.«)*
smh	Shaking my head (Den Kopf schütteln)
SR	SuperRare, eine Plattform, auf der Künstler 1/1 Kunst als Erstveröffentlichung zum Verkauf anbieten oder Sorare, ein Unternehmen, das digitale Fußball-Sammelkarten auf der Blockchain verkauft

stfu	Shut the fuck up (Halt die Klappe)
sweep the floor	Wörtlich: den Boden fegen oder wischen. Gemeint ist: Alle Floor-NFTs eines Projektes/einer Kollektion aufkaufen, um sie nicht nur zu besitzen, sondern auch, um den Preis dadurch in die Höhe zu treiben.
szn	Wörtlich übersetzt Saison, hier im Sinne vom Markt-Zyklus
tbf	To be frank (Offen gesagt)
tbh	To be honest (Ehrlich gesagt)
the future of france	Wortspiel für »the future of finance« (die Zukunft des Finanzmarktes)
TF	Twin Flames. Serie von inzwischen berühmten Zwillingsporträtfotos des Künstlers Justin Aversano, nach Meinung vieler das wichtigste Foto-NFT Projekt.
this is the way	Wörtlich etwa: So macht man das! Ein Lob für positives Verhalten.
ty	Thank you (danke)
Tysm/tyvm	Thank you so much/Thank you very much (Vielen Dank)
up only	Wörtlich »nur nach oben« (euphorische Einschätzung der Kursentwicklung)
VVD	VincentVanDough, bedeutender Influencer und schwerreicher NFT-Sammler (Pseudonym in Anspielung auf Vincent van Gogh)
wagmi	We are (all) gonna make it (Wir [alle] werden es schaffen)
wami	We already made it (Wir haben es geschafft)
Wen moon?	Für »When moon?«, gemeint ist: Wann wird der Kurs endlich steigen? (*»Wen moon Bitcoin, ser?«*)

wdyt	What do you think? (Was meinst du?)
wgmi	We gonna make it (wir werden es schaffen)
whale	Wal (jemand, der Unmengen an Kryptowährungen besitzt, also Hunderttausende Bitcoins/ETH oder mehr)
wife changing money	Scherzhaft für »Life changing money«, also eine Menge Geld, die das Leben radikal verändert (inklusive ungeahnter neuer Chancen auf dem Beziehungsmarkt ●)

@garyvee und Co.: Wichtige Influencer

Jetzt kannst du die Sprache der NFT-Community, doch wo setzt du dein Wissen am besten ein? Wer hat wirklich Ahnung in der NFT-Szene? Wessen Urteil kannst du trauen? Natürlich verändert sich die Community permanent. Jede Liste hat vorläufigen Charakter, und bis du dieses Buch in den Händen hältst, hätten es vermutlich weitere verdient, hier aufgenommen zu werden. Doch sobald du anfängst, einigen bekannten Influencern zu folgen, wirst du ein Gespür dafür bekommen, wer im Netz auch aus Begeisterung für die Sache unterwegs ist und neben ein bisschen Eigenwerbung großzügig Wissen teilt – und wer ausschließlich eigene Projekte promotet. An dieser Stelle gleich mal etwas Eigenwerbung, ich teile auf meinem YouTube-Kanal und meinem Twitter-Account immer sehr großzügig mein Wissen. Die Links lauten https://twitter.com/nullinger und https://covl.io/yt-mike. Einfacher machst du es dir, indem du »Nullinger Twitter« und »Mike Hager Videos« googelst.

Hier ein paar Twitter-Accounts interessanter Persönlichkeiten in der NFT-Szene mit Kurzbeschreibung, streng nach Alphabet und ohne Anspruch auf Vollständigkeit.

WICHTIGE NFT-INFLUENCER
(AUSWAHL)

@artchick.eth	Wahrscheinlich eine US-Amerikanerin, die mal durch tiefe Kennerschaft der NFT-Szene, mal durch übertriebenes Shillen irgendwelcher Projekte (angeblich gerne auch für Geld) auffällt, sodass man nicht weiß, ob dieser Account in Wahrheit nicht von mehreren Personen »bespielt« wird.
@beaniemaxi	Bezeichnet sich selbst als »Gambler«, hat früher angeblich in einem Casino gearbeitet. DeFi-Experte, Experte für Sportwetten und Coins. Vorsicht: Pusht Investments, die er selbst hält (wovor er einleitend auf seinem Twitter-Account warnt: »Always assume that I am actively trading. and my posts may be biased towards my holdings.«) Nichtsdestotrotz wertvolle Inhalte und ein tiefes Wissen über die Community und viel Erfahrung in der Szene.
@crypto-888crypto (aka Seedphrase)	Dieser Influencer besitzt den berühmtesten CryptoPunk – denjenigen mit den meisten Attributen – und ist lange in der Szene unterwegs. Er promotet auch seinen kostenpflichtigen »888InnerCircle«, dem ich persönlich nicht angehöre.
@Debussy100	Kanadier mit dem größten Oberarm im NFT-Space und dem größten Herz. Wir haben in meiner Anfangszeit oft über Twitter geschrieben und seine Tweets zu Art Blocks und anderen Projekten, über die er sehr viel weiß, waren immer Alpha vom Allerfeinsten. Er hat allerdings irgendwann den Rare-Pepe-Weg[2] eingeschlagen und twittert inzwischen meistens zu diesem Thema, zu dem ich nie den Zugang gefunden habe. Aber ich mag ihn einfach von Herzen gerne.

@DeezeFi	Laut Eigenauskunft ein IT-Experte, der kauft, was ihm gefällt. »DeeZe« ist fair und kritisch und ein absoluter NFT-Profi. Er setzt stark auf Fractional Art (Kauf von NFT-Besitzanteilen) und »pumpt« diesen Bereich, vor allem über die Plattform fractional.art.
@defidonut	Kris Kay ist ein absoluter DeFi-Spezialist, dem man folgen sollte – vor allem vor dem Hintergrund, dass NFT und DeFi immer weiter verschmelzen werden. Kris ist extrem hilfsbereit und auf seine Empfehlungen im DeFi-Bereich kann man sich immer verlassen.
@Degendata	Pat, alias Degendata, ist der »Datengott« der NFT-Welt. Wenn du mal eine Info brauchst, wie zum Beispiel, wie viele Wallets weltweit einen NFT haben oder wie viele Wallets einen Punk oder Ape besitzen, er hat die Antwort und ist auch sehr großzügig bereit, seine Infos weiterzugeben.
@farokh	Ein verrückter Partytyp, der auch in NFTs investiert. Manche lieben ihn, manche hassen ihn, ich weiß allerdings nicht, warum man ihn nicht mögen sollte. Er hat beste Kontakte in der NFT-Szene und ist vor allem mit Seedphrase gut befreundet.
@garyvee	Der Twitter-Account von Gary Vaynerchuk, Unternehmergenie und ganz früh auch im NFT-Bereich aktiv. Mit 2,6 Millionen Followern ist »Gary Vee« ein echter Star. Er pumpt seine eigenen Veefriends (von ihm gezeichnete Tierbildchen, die exklusiv den Eintritt zu seiner jährlichen Konferenz VeeCon ermöglichen), ist darüber hinaus aber auch ein echter Kenner, der nicht nur um die 50 CryptoPunks, sondern auch einige der gefragtesten NFTs sammelt und besitzt.

@gmoneyNFT	NFT-Enthusiast der ersten Stunde, berät inzwischen große Unternehmen, darunter auch große Marken wie Adidas. Stammt aus der klassischen Investmentbranche. In der Krypto-Szene auch dadurch bekannt, dass er einen der 24 Ape Punks besitzt, für den er im Januar 2021 140 Ether bezahlte.[3] Gibt immer wieder wertvolle Tipps, auch wenn er gelegentlich eigene Investments oder Projekte von Firmen, die ihn engagiert haben, promotet.
@hunterorrell	Junger Typ, sehr aktiv in der Szene, sucht Kontakt zu vielen Szene-Stars und ist lang genug mit dabei, um Ahnung zu haben.
@iamDCinvestor	Einer der wichtigsten Sammler generativer Kunst, besitzt ein 40-Millionen-Dollar-Depot mit zahlreichen »Ringers«, »Autoglyphs« und »Chromie Squiggles«, daneben verschiedene Werke von XCOPY, mehrere CryptoPunks usw. (vgl. https://gallery.so/dcinvestor). Ein echter Experte, der kein Blatt vor den Mund nimmt und sich dadurch auszeichnet, dass er noch nie einen einzigen NFT, den er erstanden hat, wieder verkaufte. (Ich weiß das, weil ich seine Wallet bei nftfolio.io eingegeben habe.) Darüber hinaus ist er ein echter Kenner der Ethereum-Szene.
@kevinrose	Mit 1,5 Millionen Followern einer der Stars der Szene. Hostet zwei der wichtigsten Branchen-Podcasts: Modern.Finance und Proof.xyz. Entrepreneur und Risikoinvestor in der Kryptoszene. Sein Background ist VC, also Venture Capital.
@KeyboardMonkey3	Kryptoinvestor und neben Pranksy der wichtigste »Flipper«, der NFTs kauft und möglichst gewinnbringend wieder verkauft.

@Loopifyyy	Sein Thread »How to get rich in NFTs (without getting lucky)« ist ein tolles Stück NFT-Twitter-Geschichte, das jeder lesen sollte. Ich habe ihn immer als jemanden empfunden, der gemäßigt und voller Wissen und Weisheit ist, und folge ihm auch heute noch gern.
@nathanhead	Eigentlich Künstler. Darüber hinaus der Influencer, der womöglich am meisten und mit der größten Hingabe über »all things NFT and DeFi« twittert und selbst über eine beträchtliche Sammlung im NFT-Bereich verfügt. Ein Herz von einem Menschen, der immer mit Rat und Tat zur Seite steht.
@punk4156	Engagierter Sammler und Gründer von »Nouns«, einer DAO (Dezentralisierten Autonomen Organisation), die die Gründung von »On-Chain Avatar Communities« verbessern will. Solche On-Chain Avatare sind die Nouns. Hier entsteht jeden Tag ein neues, »Noun« genanntes Pixelbild einer unendlichen Serie, das dann versteigert wird. Inzwischen werden für einzelne dieser NFTs enorme Preise aufgerufen und die Wallet des Nouns DAO ist millionenschwer.
@punk6529	Einer der tiefgehendsten Kenner der Szene. Ein früher Punkbesitzer, der eine sehr klare Meinung zu NFTs und Dezentralisierung hat. Sein Ausspruch »Don't let the institutions steal your JPGs« ist legendär und der dazugehörige Twitter Thread gehört zu einem der must-reads für jeden NFT-Anfänger (und Fortgeschrittenen). Keiner, der irgendwelche Projekte shillt, sondern eher ein unabhängiger Mahner für Dezentralität und Autonomie.

@pranksy	Bekannter NFT-Investor und -Sammler, Gott aller Flipper. Bekannt auch dadurch, dass er in der Anfangsphase 1.500 Bored Apes auf einmal kaufte und alle bis auf einen weiterverkaufte. Ihm verdanke ich den Tipp auf die Bored Apes.
@tropofarmer	Der Gegenspieler von Beaniemaxi. Sie streiten sich in teilweise hoch amüsanten Twitter-Wortgefechten, in denen Beanie Tropo vorwirft, keine Ahnung zu haben, und Tropo sich darauf kapriziert, Beanie zu unterstellen, dass er wieder mal nur shillt und seine eigenen »bags pumpt«. In einem frühen Space sagte Tropo mal über sich, dass er nur einen Ether hat und fragte sich warum eigentlich alle anderen so erfolgreich sind. Inzwischen ist aber auch seine Wallet schon einiges wert.
@Vince_Van_Dough	Prominenter Sammler, der in kurzer Zeit zahlreiche NFTs erworben hat. Legte im Sommer 2021 zusammen mit anderen Investoren einen 100 Millionen US-Dollar schweren Fonds auf, der in NFTs investiert.[4]
@Zeneca_33	Sammler mit großer Art-Blocks-Expertise. Postet unter anderem Studien und quantitative Untersuchungen. Eine super Informationsquelle.

Discord: Treffpunkt vieler NFT-ler

Was Twitter ist, wissen inzwischen fast alle, sogar greise CDU-Politiker. Discord dagegen ist noch relativ unbekannt. Ursprünglich als Messenger-Dienst in der Gamer-Szene verbreitet, tauschen sich auf dieser Plattform inzwischen auch viele NFT-Enthusiasten aus. 2015 wurde Discord gegründet, 2020 änderte das Unternehmen sein Werbeversprechen von »Chat for Gamers« zu »Chat for Communities and Friends«. Auf Facebook mögen sich Boomer und Rentner treffen, die NFT-Musik spielt außer auf Twitter eben auf Discord (https:// discord.com/). Dort meldest du dich mit deiner E-Mail-Adresse und einem Nutzernamen an. Tipp: Wähle auf allen NFT-relevanten Kanälen denselben Usernamen, vor allem auch auf OpenSea. So stellst du sicher, dass man dich wiedererkennt. Damit machst du es Künstlern leichter, dich auch bei Twitter und anderswo zu finden, um dich mit sogenannten Air Drops zu bedenken, wenn sie also Geschenke an treue Anhänger verteilen. Das kommt gar nicht so selten vor, die Community ist sehr freigiebig. Auf Discord kannst du bis zu 100 Discord-Kanäle, die dort »Server« heißen, gleichzeitig abonnieren. Marktplätze wie OpenSea oder Art Blocks, aber auch viele Einzelkünstler, Sammler und Influencer haben einen solchen Server, GaryVee natürlich, die CryptoPunks und andere Größen. Du erkennst das auf anderen Websites, zum Beispiel auf OpenSea, an dem kleinen Discord-Symbol: 🎮. Und natürlich hat auch meine Mentoring-Gruppe einen Discord-Server, der Zutritt ist allerdings ausschließlich meinen Mentoring-Mitgliedern vorbehalten.

Abbildung 21 zeigt dir, wie eine Discord-Seite aufgebaut ist. Links in der vertikalen Leiste findest du alle abonnierten Server. Neben einem öffentlichen Bereich, der für alle einsehbar ist, gibt es in der Regel bei jedem Server einen Bereich nur für Nutzer, die der jeweiligen Gruppe beigetreten sind und sich verifiziert haben. Dann bekommst du nach unterschiedlichen Kriterien eine Rolle zugewiesen. Es gibt zum Beispiel Bereiche nur für Besitzer jener NFTs, um die es in dieser Gruppe vorrangig geht, oder sogar noch exklusivere Bereiche für Besitzer ganz bestimmter NFTs. Wer beispielsweise einen CryptoPunk besitzt und dies über eine Verbindung zu seiner MetaMask belegt, bekommt im CryptoPunk-Discord einen grün eingefärbten Namen und steigt damit in der sozialen Hierarchie der Gruppe beträchtlich auf. Inzwischen ist es sogar so, dass du in diesem Discord überhaupt nur noch schreiben darfst, wenn du einen Punk dein Eigen nennst und dies über deine Wallet verifiziert ist oder wenn du »friend« eines Punks oder Meebit-Besitzers bist.

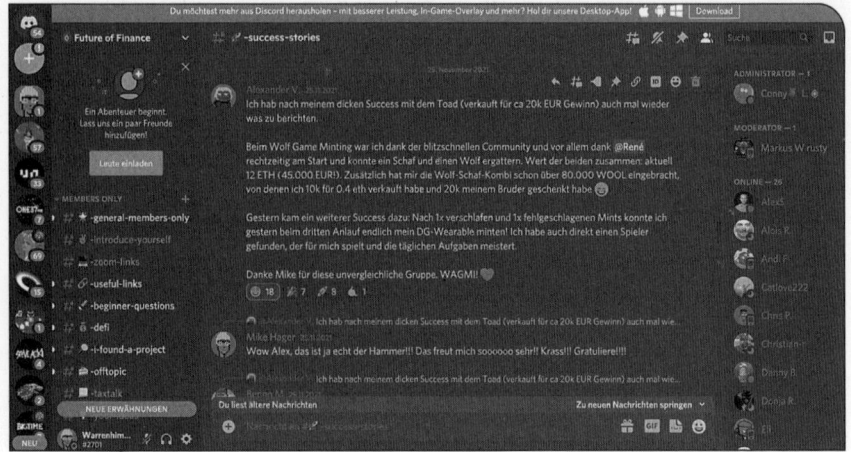

ABB. 21: Discord als wichtiges Medium für den Austausch über NFTs

Interessante Discords sind aus meiner Sicht LarvaLabs (vor allem mit dem Unterkanal der CryptoPunks), PixelVault, ArtBlocks, Veefriends und Quantum Art. Inzwischen habe ich wie erwähnt auch einen Discord-Channel eröffnet. Er heißt »Future of Finance«.

Was du wissen und unbedingt beachten solltest: Fast alle persönlichen Nachrichten auf Discord sind Spam oder sogar Scam, also Betrugsversuche. Reagiere am besten nicht darauf. Wenn dir eine Nachricht vertrauenswürdig erscheint, schreibe lieber zurück, dass du nur über Twitter kommunizierst und schlag vor, sich künftig dort auszutauschen. Klicke auch niemals (NIEMALS!!!) auf Links in Discord-Privatnachrichten. Ein einzelner Klick kann sehr viel Schaden anrichten! Jeder Klick, mit dem du in der MetaMask etwas bestätigst, hat auf der Blockchain Folgen, die nicht zu revidieren sind. Sei also bitte extrem vorsichtig und klicke schon gar nicht mehrfach auf eine Bestätigung in der MetaMask, am Ende noch, nachdem die MetaMask aufgegangen ist, weil du auf einen unbekannten Link geklickt hast und beim ersten Mal nicht das passiert, was du erwartet hast. Völlig unschädlich und extrem lehrreich und unterhaltsam ist es dagegen, auf Discord in viele coole Communitys reinzuschauen, mitzulesen und mit zunehmendem Durchblick auch mitzudiskutieren. Und falls du dies alles noch einmal im Video sehen möchtest: Zu Discord findest du ein kurzes Tutorial auf meinem YouTube-Kanal.[5]

»This is the way!«: Kurzer Community-Knigge

Auch wenn »Knigge« arg nach Tanzschule und Fünfzigerjahre klingt: In jeder Gruppe, selbst in der coolsten Community, gibt es ungeschriebene Verhaltensregeln. Oder wie man heute sagt: Dos and Don'ts. Hier also eine Übersicht, wo in der NFT-Szene die Fettnäpfe stehen und welches Verhalten wohlwollend registriert oder sogar ausdrücklich gelobt wird: »This is the way!«

Die Dos

NFT-ler grüßen sich und sind höflich zueinander. Wer die Community zum Beispiel auf Twitter oder im Discord mit »GM!« begrüßt, wird zurückgegrüßt. Du siehst, deine Eltern hatten gar nicht so unrecht, wenn es um Benimm geht ●. Außerdem ist man hilfsbereit, gerade gegenüber ratlosen Neulingen. Die meisten Mitglieder erinnern sich an die Zeit, als sie selbst Anfänger waren, und teilen ihr Wissen großzügig, wenn es angebracht ist, auch per Direktmessage. Zu diesem Spirit gehört ferner, andere sofort vor gefakten Support-Mails oder ähnlichem Scam zu warnen. Dort bieten Betrüger »Hilfe« an, um dann Wallets leerzuräumen oder anderen Schaden anzurichten. Zu den Do's zählt, Künstler oder Projekte zu unterstützen, die du gut findest und auf die du die Community aufmerksam machen möchtest. Du darfst also ruhig die Werbetrommel für jemanden rühren, sofern es dir nicht ausschließlich darum geht, im Eigeninteresse eigene Investments zu pushen (also zu »shillen«). Außerdem solltest du immer die Regeln lesen und beachten, die sich Gruppen gegeben haben. So sind beispielsweise in manchen Discord-Channels keine Affiliate-Links erwünscht, und wenn du dich nicht unbeliebt machen willst, halte dich einfach daran.

Die Don'ts

Neben dem penetranten »Shillen« eigener Projekte, in der Hoffnung auf Preisanstiege, von denen man persönlich profitiert, gibt es noch einige andere No-Gos. Dazu gehört beispielsweise das penetrante Betteln um Hilfe auf allen Kanälen – insbesondere solcher Unterstützung, die auch IRL-grenzwertig wäre (kleiner Vokabeltest, schau auf die Liste oben ●). Im Meatspace würdest du ja auch nicht jeden, der zufällig in derselben Kneipe abhängt, anhauen: »Hey, kannst du mir Geld schicken?« Auch nerviges Promoten eigener Inhalte durch x-malige Wiederholung derselben Botschaft kommt nicht gut an. Du hasst Spam? Prima, dann spamme selbst andere auch nicht zu! Nicht zu empfehlen ist außerdem, in eigenen Beiträgen oder Tweets das Wort »MetaMask« auszuschreiben, weil dies Spammer und Scammer anzieht wie ein Honigtopf hungrige Bären. Schreib stattdessen »MM« oder »MataMask«, zumindest solange, bis die dunkle Seite des Netzes auch das mitbekommen hat. Dann wirst du aber ziemlich sicher von anderen NFT-lern gewarnt werden. Vermeide es auch, Links in Nachrichten hineinzukopieren, beispielsweise verbunden mit der Frage »Ist das ein Scam?«. Womöglich verführst du andere ungewollt dazu, vorschnell auf den Link zu klicken. Überhaupt: Schnell und flüchtig lesen zählt auch zu den Dingen, die man in allen Communitys vermeiden sollte. Die Gefahr, irgendetwas zu tun, das du später bereust, ist einfach zu groß. Die Partners in Crime sind einfach zu schlau. So haben sie beispielsweise schnell gemerkt, dass »rn« (r+n) am Bildschirm vielfach als »m« gelesen wird. Und da ist es dann nicht weit bis zu der Idee, unter dem Namen »elonrnusk« andere in die Falle zu locken ... Also Augen auf am Bildschirm und lieber zweimal lesen, bevor du einmal klickst!

Quellen

1   Vgl. https://twitter.com/punk6529/status/1433002033242595338?s=20
2   Rare Pepe sind NFTs auf der Basis der Comicfigur »Pepe the Frog«.
3   Vgl. https://www.larvalabs.com/cryptopunks/details/8219
4   Quelle: https://www.theblockcrypto.com/post/115996/vincent-van-dough-nft-fund-three-arrows-capital-100-million
5   »Mehr Erfolg mit NFTs durch Discord – Discord Tutorial Deutsch« (https://www.youtube.com/watch?v=KACxD9ap-eM)

DIE NFT-COMMUNITY – IHRE (GEHEIM-)SPRACHE UND IHRE SPIELREGELN

DEIN ERSTER NFT – SCHRITT-FÜR-SCHRITT

———— *Abschließend hier noch einmal alle wichtigen Schritte zum Kauf deines ersten NFTs auf einen Blick. Ich erkläre dir das Ganze am Beispiel der Kryptobörse Kraken, der Krypto-Wallet MetaMask und des größten NFT-Marktplatzes OpenSea. In allen drei Bereichen gibt es weitere Anbieter. Diese drei habe ich gewählt, weil sie sich bewährt haben und sehr verbreitet sind. Die Vorgehensweise bei Wettbewerbern ist ähnlich.*

Schritt 1: Euro in Ether tauschen, in die MetaMask transferieren

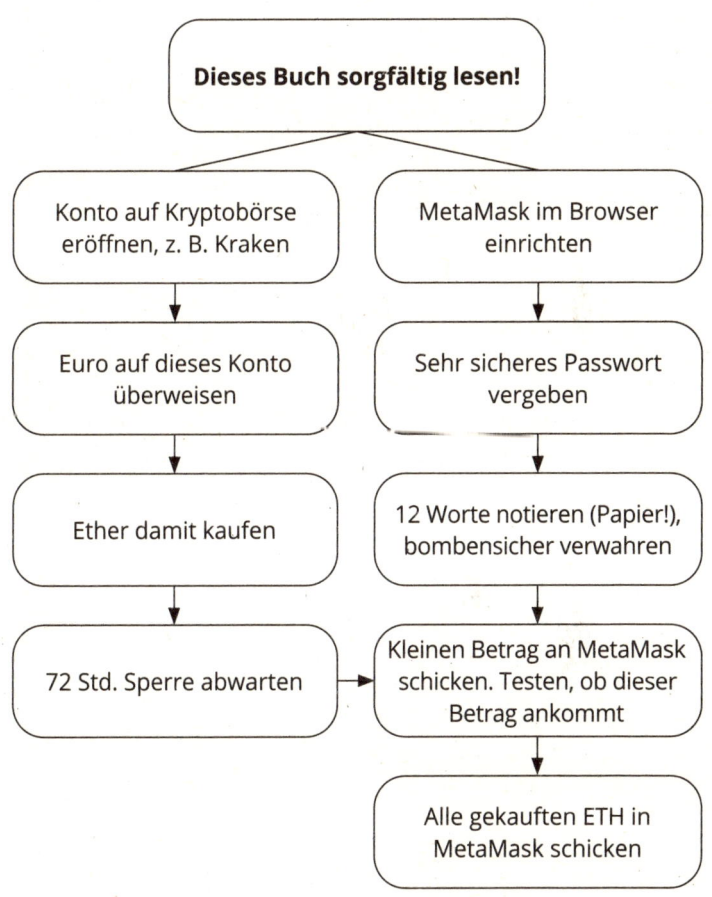

Schritt 2: Account auf OpenSea eröffnen

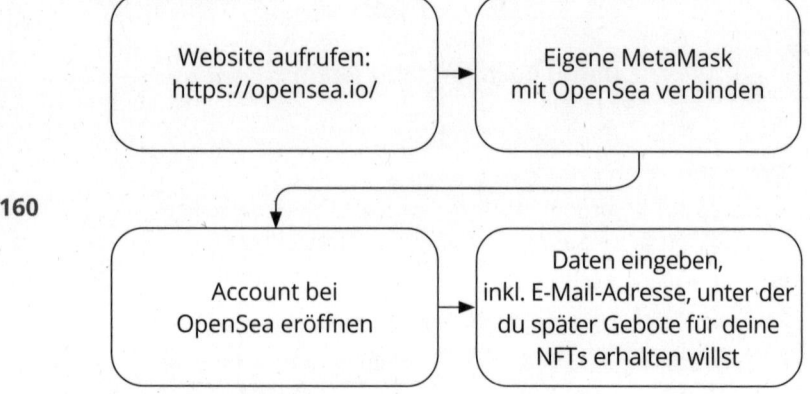

Schritt 3: NFT kaufen

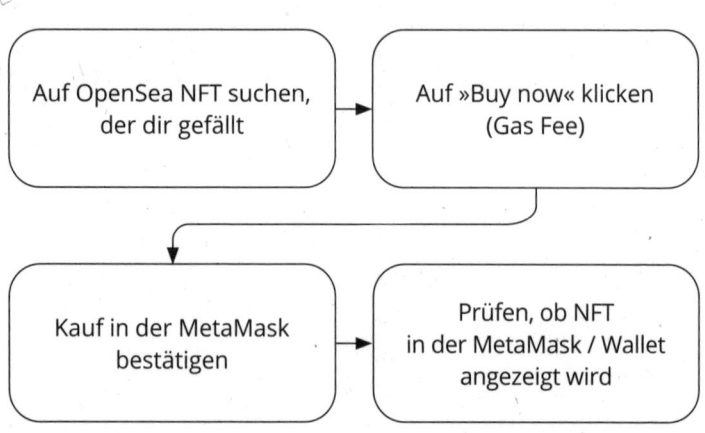

Alternative zu Schritt 3: Gebote für verschiedene NFTs abgeben

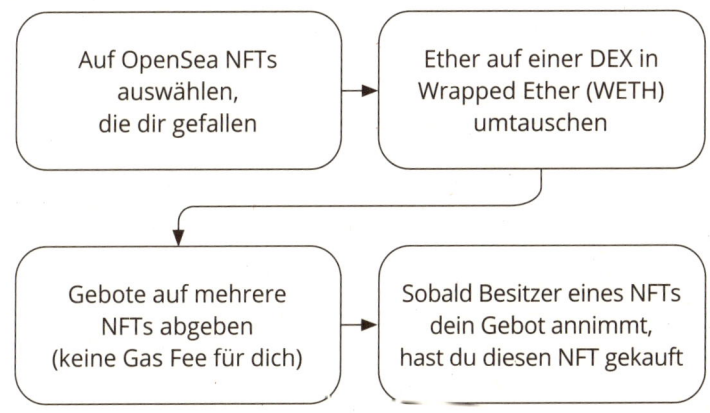

Wer Gebühren (Gas Fees) bezahlt, ist von der Art der Transaktion abhängig. Werden NFTs zum Festpreis verkauft, zahlt der Käufer Gas Fee. Nimmt ein Verkäufer dein Gebot auf ein NFT an, zahlt der Verkäufer Gas Fee. Detailliertere Infos dazu findest du im Support-Bereich auf OpenSea.[1]

Quellen

1   https://support.opensea.io/hc/en-us/articles/360061699514-Who-pays-the-gas-fees-

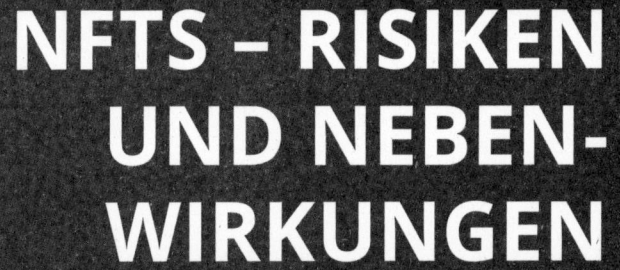

NFTS – RISIKEN UND NEBEN-WIRKUNGEN

——— Auch wenn du sonst nie Beipackzettel liest: Diesen nimm bitte sorgfältig zur Kenntnis, bevor du in NFTs investierst! Zu Risiken und Nebenwirkungen konsultiere darüber hinaus meinen YouTube-Kanal oder frage einen erfahrenen NFT-ler – beispielsweise, indem du meinem Mentoring-Programm beitrittst. Ein kostenloses Vorgespräch dazu kannst du hier buchen: https://covl.io/nft

NFTs – Risiken und Nebenwirkungen

1. Was sind NFTs und wie werden sie angewendet?

NFTs sind ein Hochrisiko-Investment. Sie bieten die Chance auf hohe Gewinne, aber auch das Risiko des Totalverlusts. Auf gut Deutsch: Du könntest bei diesem Investment dein ganzes Geld ver- lieren. Niemand kann derzeit sicher vorhersagen, wie sich diese völlig neue Anlageklasse entwickeln wird. Prognosen sind schwierig, vor allem, wenn sie die Zukunft betreffen, wie schon Mark Twain so schön sagte. Ich bin überzeugt, dass Krypto-Kunst und andere Sammlerobjekte eine große Zukunft haben, sonst hätte ich dieses Buch nicht geschrieben. Denkbar ist aber auch, dass ich mich in fünf Jahren fragen lassen muss: »Du Mike, was ist eigentlich aus deinem JPEG-Millionenvermögen geworden? Von NFTs redet heute ja keiner mehr!« Diese Häme ist mir allerdings auch beim Bitcoin immer wieder zuteilgeworden, wenn der Kurs mal wieder ein paar Wochen, Monate oder Jahre runter ging. Damit darf ich als Investor leben.

2. Was solltest du vor dem Kauf deines ersten NFTs beachten?

Der Markt für NFTs wird wie jeder Markt von Angebot und Nachfrage bestimmt. Das bedeutet: Du kannst deine NFTs nicht automatisch jederzeit wieder verkaufen. Das funktioniert nur, wenn du aktuell einen Käufer dafür findest, der bereit ist, den von dir gewünschten Preis zu bezahlen. Wenn dein NFT nicht gefragt ist, bleibst du darauf sitzen oder du musst weit unter deinem Einkaufspreis verkaufen. Ein NFT kann sogar komplett an Wert verlieren. Selbst hoch gehandelte und nachgefragte NFTs müssen häufig mit

Abschlägen verkauft werden, wenn der Verkäufer unter Zeitdruck steht und in Geldnot kommt.

3. Gegenanzeigen

Du solltest <u>keinen</u> NFT kaufen ...

- wenn du dafür Geld investieren musst, das du für deinen Lebensunterhalt (Wohnen, Essen, laufende Kosten usw.) brauchst,
- wenn du dir dafür Geld leihen musst,
- wenn du darauf angewiesen bist, dass der erworbene NFT sich rasch wieder mit Gewinn verkaufen lässt,
- wenn du es dir nicht leisten könntest, das Geld, das du dafür in die Hand nimmst, zu verlieren,
- wenn du nicht gut informiert bist und den Wert deines Investitionsobjekts überhaupt nicht einschätzen kannst.

4. Dosierung

Für den Einstieg in den NFT-Markt empfehle ich dir das »Prinzip des asymmetrischen Risikos«. Das bedeutet: Kaufe oder »minte« günstige NFTs, die die Chance auf Wertsteigerung bieten (= kleines Risiko/hohe Chancen). Vermeide es dagegen, aktuell gehypte und hochpreisige NFTs zu kaufen, die die Gefahr hoher Verluste bergen (= hohes Risiko/unsichere Chancen).

Ein Beispiel: Du mintest ein Profile Pic für umgerechnet 262 Euro. Dein maximales Risiko besteht dann darin, diese 262 Euro (zuzüglich Gas Fee) zu verlieren. Wenn du die in diesem Buch erklärten Bewertungsprinzipien berücksichtigst und noch dazu ein wenig Glück hast, könnte es aber auch sein, dass du dieses NFT in wenigen Wochen, Monaten oder sogar Tagen für das Zehnfache, Fünfzigfache oder sogar mehr wieder verkaufen kannst. Du bist ein kleines Risiko eingegangen und hast einen großen Gewinn gemacht. So ging es zum Beispiel meinem Mentoring-Teilnehmer Dennis, der ein zuvor für 262 Euro gemintetes Schaf aus dem Wolf Game drei Tage später mit 13.000 Euro Gewinn wieder verkaufte.

Ein Gegenbeispiel: Du kaufst ein Profile Pic für umgerechnet 12.000 Euro aus einer neuen Serie, die für unter 300 Euro zu minten war, aber in den letzten Wochen einen rasanten Kursanstieg erlebt hat. Dann fällt der Hype unerwartet in sich zusammen (zum Beispiel, weil du Opfer eines »Rug Pull«-Projekts geworden bist, dessen Macher abtauchen). Dein Investment ist plötzlich nur noch einen Bruchteil oder gar nichts mehr wert. Du bist ein großes Risiko eingegangen und hast einen entsprechend großen Verlust gemacht.

Solltest du mit NFTs bereits Gewinne erzielt und eine gut mit Ether gefüllte MetaMask besitzen, kannst du diese Gewinne natürlich reinvestieren oder auch einfach liegen lassen und auf eine positive Entwicklung des Etherkurses setzen.

5. Wichtige Sicherheitshinweise und besondere Risiken

Wenn du dich in der NFT-Welt sicher bewegen willst, ist äußerste Vorsicht geboten. Je mehr Geld in einem Bereich zu holen ist, desto mehr Kriminelle und Betrüger zieht er an. Hinzu kommt, dass die Anonymität der Blockchain-Welt es Betrügern und Scammern leicht macht, risikolos zuzuschlagen und danach abzutauchen. Daher die folgenden Sicherheitshinweise, die du unbedingt beachten solltest!

SAFETY FIRST!

- Ermögliche niemandem den Zugang zu deiner MetaMask. Das bedeutet: Logge dich nach Gebrauch deiner MetaMask am Rechner immer wieder aus. Und vor allem VERRATE NIEMANDEM DEINE SEEDPHRASE (Secret Recovery Phrase), die aus zwölf Worten besteht. Wer dich danach fragt oder dich bittet, sie an deinem PC/Laptop/Smartphone einzugeben, hat nur eines im Sinn: deine MetaMask auszuräumen. Das gilt OHNE AUSNAHME.

- Speichere die zwölf Worte deiner Seedphrase nicht in digitaler Form: Fotografiere sie nicht ab, hinterlege sie nicht in einer Datei. Schreibe sie stattdessen auf ein Blatt Papier, das du laminierst oder durch einen Gefrierbeutel vor Wasser schützt. Verwahre das Blatt an einem Ort, den nur du kennst.

- Probiere jede NEUE TRANSAKTION auf der Blockchain (zum Beispiel eine Ether-Überweisung von Kraken in deine MetaMask oder den Umtausch von Ether in Wrapped Ether auf einer DEX) beim allerersten Mal immer erst mit einer kleinen Summe aus. Überweise erst eine größere Summe, wenn du sicher bist, dass alles funktioniert und dein Geld dort ankommt, wo es hinsoll.

- Beachte, dass TRANSFERS NUR INNERHALB EINER BLOCKCHAIN funktionieren. Wenn du beispielsweise Bitcoin auf eine Ether-Adresse überweist oder Ether auf eine Bitcoin-Adresse, ist dein Geld unwiederbringlich verloren.

- Stell immer sicher, dass du dich bei WEBSITES, die du aufrufst, auch wirklich auf der ORIGINALSEITE befindest. Klicke nicht einfach auf Google-Treffer oder Werbeanzeigen, sondern lege die Adresse von NFT-Marktplätzen, Plattformen usw. mit Lesezeichen ab. Betrüger bauen Seiten täuschend echt nach. Verbindest du deine MetaMask mit einer solchen Fake-Seite, wird deine Wallet ausgeraubt. In einer Internetadresse sehen zum Beispiel »metamsak« und »metamask« sehr ähnlich aus.

- Behandle DMs (*direct messages*) auf Discord ausnahmslos als Scam, selbst wenn sie (scheinbar) von Freunden kommen. Deren Profil könnte von Betrügern geklaut worden sein. Klicke nicht auf diese Message. Antworte höchstens mit dem Vorschlag, sich auf Twitter auszutauschen, wenn es wichtig ist. Achtung! Die meisten DMs, die so tun, als wäre etwas sehr wichtig, sind ebenfalls Scams.

- Öffne keine LINKS auf Discord. Ein einziger falscher Klick kann verheerenden Schaden anrichten. Poste selbst auch keine verdächtigen Links auf Discord, auch nicht, um zu fragen: »Ist das wohl Scam?« Es wird immer jemanden geben, der nicht aufpasst und auf diesen Link klickt.
- Achte darauf, dass der NFT, den du kaufen willst, echt ist und existiert. Das erkennst du bei OPENSEA am BLAUEN HAKEN auf der rechten Seite. Steht der Haken links, wurde er von Betrügern hineinkopiert. Meine Eselsbrücke dazu lautet: »Ist der blaue Haken rechts, so ist alles rechtens. Ist der blaue Haken links, ist es eine linke Nummer.« Auch andere Verkaufsplattformen kennzeichnen VERIFIZIERTE NFTs.
- KLICKE NIEMALS AUF KOSTENLOSE NFTs, die dir als SPAM in deine Wallet gespielt werden. Etwas, das du nicht gekauft hast, ist ein BETRUGSVERSUCH (Scam). OpenSea schafft es nicht völlig, solche Drops in deine Wallet zu verhindern. Klicke nicht darauf. Versuche auch nicht, sie zu verschieben, zu verkaufen oder Ähnliches. Jede dieser Interaktionen kann Schaden anrichten. Ignoriere solche NFTs einfach.

Und last but not least: WENN ETWAS ZU GUT KLINGT, UM WAHR ZU SEIN, IST ES WEDER GUT NOCH WAHR. Dazu gehören beispielsweise Nachrichten, die dir versprechen, du könntest ein längst ausverkauftes PFP, dessen Preise durch die Decke gehen, doch noch zum Spottpreis bekommen.

SCHLUSS – WENN DU WEIT GEHEN WILLST ...

Nun liegt sie also vor dir, diese schöne neue Welt der NFTs. Eine Welt, die viele als »rabbit hole« bezeichnen, als Kaninchenbau, in dessen Verzweigungen du abtauchst, und du kommst immer tiefer rein und tiefer und noch tiefer. Bis du irgendwann nicht mehr herausfindest, weil du immer mehr herausfindest. Du findest heraus, dass diese Community eine der nettesten, freundlichsten und hilfsbereitesten Online-Communitys ist. Du findest heraus, dass ein Kauf, den du gestern noch für einen Fehlkauf gehalten hast, ein paar Tage später das Hundertfache wert ist. Du findest heraus, dass diese Technologie so neuartig ist, dass du jeden Tag Neues dazulernen kannst und fast schon musst, um im Spiel zu bleiben. Du findest heraus, dass am Schluss alles immer wieder auf die urmenschlichste aller Fähigkeiten zurückgeht: die Fähigkeit zu kommunizieren, sich zu vernetzen, zu interagieren, anderen die Hand zu reichen und gemeinsam voranzuschreiten. »Your network is your net worth«, in keinem Bereich ist diese Lebensweisheit so wahr wie im NFT-Bereich und in keinem Bereich wirst du so schnell so viele freundliche Menschen auf der ganzen Welt kennenlernen, die alle nur eines im Sinn haben: WAGMI. *We are all gonna make it.* Und in dieser Welt gilt mehr als in vielen anderen Bereichen: »Wenn du schnell gehen willst, geh allein. Wenn du weit gehen willst, geh mit anderen.«

Die ersten Schritte sind du und ich jetzt mit diesem Buch gemeinsam gegangen. Jetzt ist es an der Zeit für dich weiterzugehen, wenn du magst. Schau dich um, suche dir deinen ganz persönlichen Weg. Ich hoffe, ich konnte dir etwas Orientierung geben. Gerne begleite ich dich auf deinem weiteren Weg. Komm dazu, wenn du magst, in mein Mentoring, wie inzwischen viele hundert andere auch. Und auch, wenn du diesen Weg erst mal allein gehen möchtest, begleite ich dich gern mit den Videos in meinem YouTube-Kanal und mit allem, was ich bei Twitter so an »Alpha« von mir gebe. Wenn wir uns in diesem Space begegnen, begrüße ich dich mit einem freundlichen GM. Und wenn du mich siehst, dann lass mich doch wissen, dass du dieses Buch gelesen hast. Unser Erkennungswort ist »WAGMIKE«, okay? ●

Dein Mike

NFT-LEXIKON –
VON AIRDROP BIS ZWEITMARKT

Airdrop: Dabei verschenken Entwickler NFTs (oder Coins) an Anhänger und/oder Kunden, in der Regel zu Marketingzwecken, manchmal im Rahmen einer Social-Media-Kampagne vor dem offiziellen Starttermin des Projekts, oft aber auch zu Kundenbindungszwecken für Menschen, die die jeweiligen NFTs lange halten und nicht flippen (weiterverkaufen). Siehe auch → Drop

Art Blocks: Der führende Marktplatz für generative Kunst (→ Generative Art). Eine kuratierte Plattform, das heißt die dort präsentierten NFTs werden von einem Art-Blocks-Team begutachtet und ausgewählt. Wer eine Arbeit unter den »Curated Projects« platzieren konnte, darf anschließend im unkuratierten »Artists' Playground« ein Werk anbieten. https://www.artblocks.io/

Bitcoin (BTC): Die bislang bekannteste → Kryptowährung. Existiert seit Anfang 2009. Das Prinzip digitaler Währungen wurde von einem Programmierer(-team?) mit dem Decknamen Satoshi Nakamoto entwickelt und in einem »Whitepaper« dargelegt. Wird nicht nur als Zahlungsmittel, sondern (wie viele Kryptowährungen) auch als Wertaufbewahrung oder als spekulative Anlage genutzt.

Blockchain: Wörtlich übersetzt »Block-Kette«. Ein dezentrales Programmierungsverfahren, bei dem Datensätze in Form von Datenblöcken aneinandergehängt werden. Aufgrund der Verteilung der Rechenoperationen auf eine Vielzahl von Rechnern (»Nodes«, wörtlich »Knoten«) und aufgrund der Verkettung der Datensätze, bei der jeder folgende Block Informationen aus dem vorigen wiederholt, gilt die Blockchain als extrem sicherer und transparenter Datenspeicher.

Coin: Wörtlich übersetzt »Münze«, »Geldstück«. Eigenständige → Kryptowährung wie z. B. Bitcoin oder Ether

Dutch Auction (DA): Bei einer »holländischen Versteigerung« sinkt der Preis mit der Zeit. Es gilt daher, nicht zu früh zuzuschlagen, aber gleichzeitig schnell genug zu sein, wenn der »sweet spot« erreicht ist, bei dem plötzlich alle kaufen wollen. Siehe auch → English Auction und → Silent Auction

DAI: Sogenannter → Stablecoin, Kryptowährung, deren Wert dem des US-Dollars entspricht. Beim DAI handelt es sich um einen dezentralisierten Stablecoin, das heißt, er wird nicht auf einem zentralen Konto durch Dollar abgesichert, sondern durch die Plattform https://makerdao.com.

DAO: »Dezentralisierte Autonome Organisation«. Eine Unternehmensorganisation, die auf der Basis eines einmal installierten Programms auf der → Blockchain selbstgesteuert und ohne Eingriffe von außen arbeitet. Beispiel für eine DAO ist die Spielplattform Decentral Games.

DeFi: »Dezentralisierte Finanzdienstleistungen«, die ohne Institutionen wie Banken oder Versicherungen rein über Rechenoperationen im Netz ablaufen. Grundlage sind automatisierte Protokolle auf der → Blockchain.

Discord: Messenger-Dienst, ursprünglich vor allem in der Gamer-Szene verbreitet. Heute auch Treffpunkt vieler NFT-Communitys. Zahlreiche Einzelkünstler, Sammler, Influencer oder Marktplätze wie OpenSea betreiben neben einem Twitter-Account auch einen Discord-»Server«. https://discord.com/

Drop: Starttermin eines NFT-Projekts, zu dem NFTs in einem bestimmten Zeitraum und zu einem festgelegten Preis geminted werden können (→ minten).

English Auction (EA): Klassische Form der Versteigerung, bei der ein Gut ausgehend von einem festgesetzten Mindestpreis an den Meistbietenden versteigert wird.

Ether (ETH): Neben dem → Bitcoin zweitwichtigste Kryptowährung, betrieben auf der Ethereum-Blockchain, die mehr Funktionen in Form von → Smart Contracts ermöglicht als die Bitcoin-Blockchain. NFTs werden überwiegend in Ether gehandelt.

Etherscan: Recherche-Werkzeug und Analyse-Tool (»Blockchain-Explorer«) für die Ethereum-Blockchain (→ Ether). Zahlreiche Funktionen wie »Gas Tracker« (→ Gas Fee), Währungsumrechner, Anzeige sämtlicher Transaktionen bestimmter Wallets bei Eingabe der Wallet-Adresse (ENS), Statistiken (z. B. tägliche Transaktionen). https://etherscan.io/

FIAT: Klassische Währungen wie Euro, US-Dollar usw., die aufgrund einer gesellschaftlichen Vereinbarung als Tauschmittel verwendet werden (vom Lateinischen »fiat« = »es werde«).

Flippen: Etwas kaufen und (möglichst mit Gewinn) schnell wieder verkaufen.

Floor Price (Floor): Der niedrigste Preis, zu dem ein NFT einer Kollektion oder Serie momentan erworben werden kann. Von »Floor«, wörtlich übersetzt »Boden«.

Fraktionalisierung: Von »fractionalize« = aufsplitten, zerteilen. Möglichkeit, Anteile an einem NFT zu erwerben (ähnlich wie Anteile an einem Unternehmen in Form einer Aktie). Möglich wird dies über Plattformen wie z. B. https://fractional.art/

Gas (Gas Fee): Wörtlich übersetzt »Treibstoff-Gebühr«/»Benzin-Gebühr«. Die Transaktionsgebühren im Ethereum-Netzwerk, die dafür fällig werden, dass die → Miner die Blöcke auf der → Blockchain bestätigen. Ob eine Gebühr anfällt und wer sie zahlt, hängt von der Art der Transaktion ab. Beispielsweise zahlt auf → OpenSea der Käufer Gas Fee, wenn er ein NFT zum Festpreis kauft. Der Verkäufer zahlt Gas Fee, wenn er das Gebot eines Kaufinteressenten annimmt. Die Höhe der Gas Fees hängt von der Auslastung des Netzwerks ab.

Gas Wars: Um in Zeiten starker Netzwerk-Auslastung Transaktionen zu beschleunigen, können Netzwerk-Nutzer Gas Fees manuell anpassen und Minern beispielsweise in der → MetaMask eine erhöhte »Max[imum] priority fee« einstellen. Schaukelt sich dieser Prozess hoch, spricht man von Gas Wars (»Treibstoff-Kriegen«).

Generative Art: Kunstform, bei der auf der Basis eines digitalen Codes eine potenziell unendliche, in der Praxis fast immer limitierte Zahl von Werken erstellt (»generiert«) wird. Auf diese Weise entstehen zahlreiche Variationen eines Motivs. Beim → Minten von Generative Art kennt der Käufer in der Regel nur ein erstes Beispielprojekt. Was er selbst gekauft hat, sieht er erst, nachdem er das NFT erworben (gemintet) hat. Wichtigste Verkaufsplattform für Generative Art ist → Art Blocks.

Kraken: Eine zentralisierte → Kryptobörse (CEX), die von einer Bank betrieben wird, und das Beispiel, an dem in diesem Buch der Tausch von Euro in Ether erklärt wird. https://www.kraken.com/

Kryptobörse: Börse, an der → Kryptowährungen gehandelt werden und auf diese Weise auch klassische Währungen in Bitcoin, Ether oder andere digitale Währungen getauscht werden können. Eine CEX (»Centralized Exchange«) funktioniert wie ein traditionelles Finanzunternehmen, während eine DEX (»Decentralized Exchange«) ein automatisiertes Protokoll auf der → Blockchain ohne »analoge« Institution ist. CEX-Beispiele: Binance, Bitpanda, Coinbase, Kraken und weitere. DEX-Beispiele: Uniswap, SushiSwap.

Kryptowährung: Digitale Währungen, die auf dezentralisierten kryptografischen Rechenoperationen auf der → Blockchain basieren. Dadurch wird Zahlungsverkehr unabhängig von Banken und staatlichen Aufsichtsbehörden möglich. Erste Kryptowährung ist der → Bitcoin. Im NFT-Kosmos wird überwiegend in → Ether gehandelt. Kryptowährungen sind heute nicht nur Zahlungsmittel, sondern auch (riskantes) Anlageobjekt. Laut statista.com gab es im Oktober 2021 weltweit 6.690 verschiedene Kryptowährungen.

Ledger: Wörtlich »Hauptbuch« oder »Kassenbuch«, hier: USB-Stickähnlicher Hardware-Schlüssel für den Zugang zu einer digitalen → Wallet (»Brieftasche«) wie der → MetaMask. Benannt nach der ausgebenden Firma und aus Sicherheitsgründen am besten nur dort zu erwerben: www.ledger.com.

Liquidity: Liquidität als sofortige Verfügbarkeit finanzieller Ressourcen, beispielsweise, um eigenen Zahlungsverpflichtungen nachzukommen (von lat. »liquidus« = flüssig). Ein liquides Asset kann jederzeit ohne das Risiko hohen Wertverlusts in Cash umgewandelt werden. Während Geldbesitz hohe Liquidität aufweist, zeichnen sich Sachwerte (wie Immobilien oder Kunstwerke) durch geringere Liquidität aus.

MetaMask: Weit verbreitete digitale → Wallet im NFT-Bereich, mit der jeder Nutzer eine öffentliche ENS-Adresse (ähnlich einer Kontonummer) und einen geheimen → Private Key in Form einer Folge von 12 Worten (→ Seedphrase) bekommt. Da die private MetaMask über eine Verknüpfung bei den meisten Verkaufsplattformen Transaktionen erst ermöglicht, kommt man beim Kaufen und Sammeln von NFTs kaum ohne sie aus. Gleichzeitig dient die MetaMask als Zugang zum Aufbewahrungsort der erworbenen NFTs auf der Blockchain. https://metamask.io/

Miner: Jemand, der durch das Lösen komplexer Rechenoperationen (kryptografischer Aufgaben) auf einer → Blockchain Transaktionen bestätigt und auf diese Weise neue Blöcke generiert. So entstehen neue → Coins in der jeweiligen Kryptowährung. (Von »mining« = schürfen.) Miner spielen vor allem bei Blockchains eine Rolle, die mit → Proof of Work arbeiten.

Minten: Wörtlich übersetzt »prägen«. Gemeint ist der Erstkauf eines NFTs direkt auf der Projektseite der Macher, bei dem der NFT auf der Blockchain entsteht. Gemintet wird in der Regel in vorher bekanntgegebenen Zeiträumen zu Festpreisen bei sogenannten → Drops. Ein Weiterverkauf der NFTs erfolgt dann zu Marktpreisen auf → Sekundär- oder Zweitmärkten wie → OpenSea. Das Bild vom »Prägen« spielt darauf an, dass das jeweilige Kunstwerk erst im Prozess des Mintens entsteht.

Non-fungible: Nicht fungibel, also nicht austauschbar. Fungibel sind beispielsweise Geldscheine: Ein 50-Euro-Schein kann problemlos in zehn 5-Euro-Scheine oder fünf 10-Euro-Scheine umgetauscht werden. Nicht-fungibel sind Unikate wie Häuser, Kunstwerke, Antiquitäten usw. Ein Picasso würde von kaum jemandem einfach gegen fünf Bilder von Manet getauscht werden, oder umgekehrt fünf Manets gegen einen Picasso. Streng genommen ist ein Geldschein allerdings auch ein Unikat, er hat schließlich eine individuelle Seriennummer, aber darauf achtet in der Regel keiner.

NFT: Non-fungible Token – digitales Werk, das durch ein auf der Blockchain abgelegtes Zertifikat eindeutig zu identifizieren und einem Eigentümer zuzuordnen ist. Dadurch werden vorher im Internet beliebig kopierbare Werke zu Unikaten. Außer im Kunstbereich finden NFTs beispielsweise auch in der Logistik, im Marketing, im Vertragswesen, im Gaming- und im Sportbereich Verwendung. Die Einsatzmöglichkeiten reichen vom Nachweis der Lieferkette oder der Echtheit eines Produkts bis zu digitalen Fußball-Sammelkarten.

On chain: Direkt auf der Blockchain hinterlegt. NFTs, die »on chain« sind, werden direkt auf der Ethereum-Blockchain gehostet. Dazu zählen zum Beispiel Art-Blocks-NFTs (→ Art Blocks, → Generative Art). Aus Kostengründen wird die Mehrzahl digitaler Kunstwerke an anderen Speicherorten (idealerweise dezentral auf IPFS, dem »Interplanetary File System«) verwahrt. Auf der Blockchain befindet sich dann lediglich ein NFT in Form eines Links, der auf diesen Speicherort verweist.

OpenSea: 2017 gegründeter, erster und größter Marktplatz für NFTs. Ein nicht kuratierter Zweitmarkt, das heißt, jeder kann hier ein NFT anbieten. Breit gefächertes Angebot: Kunst, Musik, Sammelkarten, Domainnamen, Sammlerstücke (»Collectibles«), → Utilities sowie Items, die in virtuellen Welten (z. B. Games) Verwendung finden. Zahlreiche Sortier- und Suchfunktionen, an denen sich andere Marktplätze von Nifty Gateway bis Rarible grob orientieren. https://opensea.io/

Private Key: Persönlicher Zugangsschlüssel zu digitalen Inhalten, beispielsweise zur MetaMask. Dort besteht der Private Key (bzw. Backup-Schlüssel) aus einer individuellen Folge von zwölf Worten, die bei der Einrichtung der MetaMask vergeben wird (siehe auch → Seedphrase/Secret Recovery Phrase). Wer auch immer im Besitz dieses Private Key ist, kann die MetaMask öffnen und leeren. Deshalb sollte ein Private Key vom Eigentümer sicher verwahrt und auf keinen Fall anderen Personen zugänglich gemacht werden.

Proof of Stake (PoS): Generierung neuer → Coins einer Krypto-währung auf der Basis eines »Anteilsnachweises«. Die Ethereum-Blockchain soll auf dieses Verfahren umgestellt werden, das weniger Energie verbraucht als der → Proof of Work. Wer dann → Ether in der Ethereum-Blockchain hinterlegt, bekommt nach dem Zufallsprinzip das Recht, neue Blöcke zu validieren, wofür er anschließend als Belohnung weitere Ether erhält.

Proof of Work (PoW): Das Schürfen von → Kryptowährungen durch aufwändige (und viel Energie verbrauchende) Rechenoperationen, die der → Blockchain neue Blöcke hinzufügen. Frei übersetzt »Beglaubigung durch geleistete Arbeit« oder »Arbeitsnachweis«.

Seedphrase/Secret Recovery Phrase: Schlüssel, mit dem jederzeit ein automatisches Backup einer Krypto-Wallet erstellt werden kann. Die Seedphrase (von »seed« = Samen) sorgt dafür, dass alle Transaktionen in der → Wallet fortlaufend gesichert werden. Geht das Gerät, mit dem die Wallet eingerichtet wurde, verloren, kann die Wallet mit Hilfe dieser Seedphrase problemlos wieder hergestellt werden. Bei der → MetaMask besteht die Seedphrase aus einer willkürlichen Folge von 12 Worten, die der Nutzer bei Einrichtung der MetaMask zugeteilt bekommt. Arbeitet der Nutzer mit einem → Ledger (externen Hardware-Schlüssel), umfasst die Seedphrase dort 24 Worte. Aus Sicherheitsgründen sollte eine Seedphrase niemals digital gespeichert werden (auch nicht als Foto!), sondern handschriftlich notiert, wasserdicht verpackt (beispielsweise laminiert) und an einem geheimen Ort verwahrt werden. Da es keinen zentralen Support für Krypto-Wallets gibt, ist der Wallet-Inhalt nicht mehr zugänglich, wenn die Seedphrase verloren geht. Umgekehrt gilt: Jeder, der in den Besitz einer Seedphrase gerät, kann die betreffende Wallet leerräumen.

Sekundärmarkt: Ursprünglich Begriff aus dem Finanzwesen. Auf einem Primärmarkt werden Finanzinstrumente (z. B. Wertpapiere) erstmalig ausgegeben, auf einem Sekundärmarkt werden sie anschließend gehandelt (z. B. an einer Börse). Im NFT-Bereich werden Marktplätze, auf denen bereits gemintete NFTs weiterverkauft werden, als Sekundärmärkte bezeichnet. Wichtigster Sekundärmarkt für NFTs ist → OpenSea. Alternativ spricht man auch von einem Zweitmarkt.

Silent Auction: »Stille (verdeckte) Auktion«. Dabei kennen die Bieter die Höhe der anderen Gebote nicht. Nach Abschluss der Auktion erhält der Bieter mit dem höchsten Gebot den Zuschlag. Stille Auktionen gibt es unter anderem bei der Verkaufsplattform Nifty Gateway https://niftygateway.com/.

Smart Contract: Wörtlich übersetzt »intelligenter Vertrag« und die Rechenoperation, auf der NFTs basieren. Smart Contracts sind Protokolle auf der Blockchain, die nach dem Muster if → then (wenn → dann) automatisch bestimmte Operationen ausführen, sobald zuvor definierte Bedingungen erfüllt sind. In Smart Contracts lassen sich zahlreiche Funktionen programmieren, beispielsweise eine feste prozentuale Beteiligung des Künstlers/Urhebers bei jedem Weiterverkauf eines NFTs auf einer Plattform. Als digitale Algorithmen auf der Blockchain sind Smart Contracts transparent, selbstausführend und unumkehrbar. Sie vereinfachen Vertragsbeziehungen und lösen sie von persönlichem Vertrauen in den Vertragspartner, sie sind »trustless«. Beispiel: Bei einer traditionellen Galerie muss der Künstler darauf vertrauen, dass der Galerist ihm den vertraglich vereinbarten Anteil am Verkaufserlös überweist. Bei einem NFT erledigt das ein Algorithmus.

Stablecoin: Wörtlich übersetzt »stabile Münze«. Eine Kryptowährung, deren Wert im Kurs 1 zu 1 an eine klassische Währung gekoppelt ist (häufig US-Dollar, es gibt aber auch an Euro oder Yuan gebundene Stablecoins). Alternativ kann ein Stablecoin auch durch einen anderen »stabilen« Wert wie Gold abgesichert sein. Stablecoins minimieren Volatilität (Wertschwankungen) und sind zugleich digital einsetzbar. Beispiele: der dollarbasierte → USDC oder der Digix-DAO für Goldbindung.

Swappen: Im Kryptobereich der Tausch von einer Kryptowährung gegen eine andere, gegen einen anderen Token-Standard (ETH in WETH) oder gegen → FIAT, in der Regel auf Börsen wie

Uniswap oder SushiSwap (https://app.uniswap.org/#/swap und https://sushi.com).

Token: Wörtlich übersetzt »Münze«, »Wertmarke« oder »Spielmarke«. Im Kryptobereich digitaler Vermögenswert oder digitales Wirtschaftsgut. Anders als → Coins sind Tokens nicht an eine eigene → Blockchain gebunden, sondern können auf verschiedenen Blockchains hergestellt werden.

Unlockable Content: Versteckte Zusatzinhalte eines NFTs, zu denen nur der Besitzer Zugang hat und die für alle anderen unsichtbar und verschlossen (»unlockable«) bleiben. Beispiel: Dem Käufer eines NFTs werden bestimmte Websites, Bilder, Musikstücke zugänglich.

Utility: Zusatzfunktion eines NFTs. Beispiele: die VeeFriends von Gary Vaynerchuk als Tierbilder, die zugleich als Eintrittskarte für die Konferenz VeeCon fungieren, oder die Bored Apes, die zugleich der Mitgliedsausweis für den Bored Ape Yacht Club sind.

Wallet: Wörtlich übersetzt »Brieftasche«. Eine digitale Geldbörse, die den Zugriff auf eigene Kryptowährungen oder andere Blockchain-Inhalte wie NFTs regelt – entweder in Form einer App oder als »hardware wallet«, bei der der Zugang aus Sicherheitsgründen über einen Schlüssel (→ *private key*) auf einem eigenen Gerät (z. B. USB-Stick-ähnlichen → Ledger) gespeichert ist. Die am meisten verbreitete Wallet im NFT-Bereich ist die →MetaMask.

Wrapped Ether (WETH): Wörtlich übersetzt »eingewickelter Ether«. Ein Wrapped Ether entspricht bei der Umrechnung exakt einem → Ether. Der Unterschied liegt im Token-Standard ERC-20, der bei Einführung des ETH noch nicht existierte und beim WETH gewährleistet ist. Dies erhöht dessen Funktionalität, beispielsweise ermöglicht es auf → OpenSea, mit einem einzigen WETH zahlreiche Gebote in dieser Höhe abzugeben. Der Umtausch von ETH in WETH erfolgt auf dezentralisierten → Kryptobörsen (DEX).

Zweitmarkt: (→ Sekundärmarkt)

DANKE!

Ein Buch ist immer eine Gemeinschaftsleistung, und das gilt bei diesem Buch mehr als bei all den anderen, die ich bisher geschrieben habe.

Dieses Buch hätte nicht entstehen können ohne die großartige Hilfe der NFT-Community und der tollen Menschen darin. Daher geht mein Dank an euch alle, die ihr in diesem Space tätig seid, egal ob als Sammler, Künstler, Influencer. Gmoney, der mir als Erster so viel gezeigt hat, Justin Aversano, auf dessen Wort man sich immer verlassen kann, Gary Vaynerchuck, ein unermüdlicher Kämpfer für die Sache und einer der Menschen, der mich mit am meisten in diesem Bereich beeinflusst hat, Kris »Defi Donut« Kay, von dem ich so viel über DeFi lernen durfte, Beanie, Pranksy, Barry Sutton, Joey Colombo, Debussy, Pak, Beeple, XCOPY, Martin Lukas Ostachowski, Marco Mori, V1npenny. An die CryptoPunks- und die Bored-Ape-Community, überhaupt an alle Communitys, deren Teil ich sein darf, allen voran natürlich auch an die wunderbaren Menschen in meiner eigenen Future-of-Finance-Mentoring-Gruppe.

Natürlich gibt es aber auch im »Meatspace« Menschen, ohne die es dieses Buch nie gegeben hätte.

Danke an …

Meine wunderbare Frau Sophia Hufnagel, die ich über alles liebe und die mein Leben einfach wunderbar macht.

Alle Menschen, die Teilnehmer in einem meiner Mentoring-Programme sind oder mir bei YouTube, Twitter oder einem anderen Social-Media-Kanal folgen.

Meinen literarischen Zwilling, Dr. Petra Begemann, die Frau, die nicht nur alles möglich macht, und zwar in Höchstgeschwindigkeit, sondern mit der ich auch vorzüglich schreiben, lachen und einfach nur Spaß haben kann.

Meinen Blockchain-Faktenchecker und Profiprogrammierer Alexander Sachs, mein liebenswerter Partner bei nftfolio.io.

Meine wunderbare, herzliche und liebenswerte Hilfe und gute Seele aller Teilnehmer und in allen (Mentoring-)Lebenslagen Stella Schutz.

Meinen lieben, oiden »NFT-Freind« René Schönberger, Blockchain-Insider und nicht nur Liebling meiner Mentoring-Teilnehmer, sondern auch von mir.

Meinen lieben Freund und Mentoring-»Feinschleifer«, auf dessen Urteil ich mich immer blind verlassen kann, Dirk Stiller.

Meinen YouTube-Meister Tom Erl, der auch 20 Minuten vor Veröffentlichung immer noch bereit ist für »schnell mal ein aktuelles Video von mir«.

Meinen Freund Thomas Pollad, der mir im DeFi-Bereich mit Rat und Tat zur Seite steht.

Meinen lieben Freund Alexander Volkmer, der nicht nur das Cover zu diesem Buch, sondern alles Graphische in meinem Unternehmen immer großartig gestaltet.

Meinen lieben Freund Dominik Fürtbauer für die digitale Unterstützung, ohne die ich nicht die vielen Menschen erreichen könnte, die sich für NFTs interessieren.

Meine gute Seele des Supports und von Social Media, ohne die der eine oder andere nie von mir gehört hätte, Laura Dietberg.

Meinen rechtlichen Beistand, der mir die Last abnimmt, Verträge verstehen zu müssen, Brien Dorenz.

Meinen steuerlichen Beistand, Martin Müller, der jetzt NFTs auf der »Speisekarte« hat.

Meinen lieben Freund Stefan Meixner, der immer an mich glaubt.

Meinen lieben Freund Lauri Kult, der mir zur Seite steht, um bei dem explosionsartigen Ansturm auf mein Mentoring ein Team aufzubauen.

Meine verlässlichen und großartigen Geschäftspartner Ralf Schmitz, Marcel Schlee und Eva Abert.

Meinen »Mann fürs Grobe«, also für die Technik, Toby Wessely.

Meinen mega Fotografen Christian Lisch für ein Coverfoto, auf dem ich sehr gut aussehe, etwas, das in echt nicht ganz so ist ;-).

Meinen lieben Freunden Tommy Seewald und Sven Hansen, ohne die ich nicht diese Reichweite hätte aufbauen können.

Meinen lieben NFT-Freund und Mitstreiter der ersten Stunde, Michael Thang, mit dem mich dadurch für immer eine tiefe Freundschaft verbinden wird, die nur durch NFTs entstanden ist.

Meinen lieben Freund und Geschäftspartner Prof. Dr. Oliver Pott, der mich schon bei der Veröffentlichung meines ersten Verlagsbuches so toll unterstützt hat.

Meinen lieben Freund Dr. Roman Haase, mit dem ich Zeit meines Lebens immer toll Ideen austauschen kann.

Meine lieben Freunde und Geschäftspartner Mario Wolosz, Sven Platte, Joschi Haunsperger, Dawid Przybylski, Stephy Beck, Kerstin Scherer, Hermann Scherer.

Zwei meiner Mentoring-Teilnehmer ganz speziell: Marie-Luise Fröhlich, eines meiner größten Lebens-Vorbilder, die mit 79 Jahren nicht nur Ether gekauft, sondern sich eine MetaMask eingerichtet und NFTs gekauft hat und das mit Freude und Hingabe. Marie-Luise, ich möchte in deinem Alter auch noch so offen für Neues sein wie du!

Klaus Staudinger, einer der ersten, der mir mit meinem neuen Business sein Vertrauen geschenkt hat, danke dir Klaus!

Und wenn dir das jetzt ein paar Mal »lieber Freund« zu viel war, dann entschuldige bitte, ich habe einfach sehr viele liebe Menschen in meinem Leben, etwas, für das ich jeden Tag wieder und wieder sorge.

Mein ausdrücklicher Dank gilt Georg Hodolitsch und Friederike Thompson vom FinanzBuch Verlag für eine Umsetzung in ultrasound-Geschwindigkeit und die tolle Zusammenarbeit.

Sollte ich an dieser Stelle jemanden vergessen haben, bitte sieh es mir nach. All die Menschen, die ich hier aufgeführt habe sind die, ohne deren Unterstützung, Beistand, Hilfe und manchmal einfach nur deren Anwesenheit ich niemals dort wäre, wo ich heute in meinem Leben bin. Danke an jeden Einzelnen von euch für alles. Und wie immer danke ich natürlich auch denen, die mir in meinem Leben den Widerstand geliefert haben, an dem der jeweilige »Muskel« und damit ich selbst wachsen konnte.

MIKE HAGER
AUF EINEN BLICK

- Besitzer spektakulärer NFTs, darunter zehn **Bored Apes** (selbst gemintet) und drei **CryptoPunks**

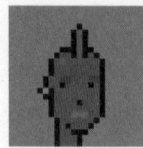 

- **SPIEGEL-Bestseller-Autor** »*Geld allein ist auch eine Lösung*« (2021)

- *NFT-Portfolio mit nahezu allen wirklich wichtigen* **Bluechip-NFTs** *von Art Blocks Curated, Kunstwerke bekannter Künstler wie Pak, XCOPY, Justin Aversano*

- Investor – u. a. Eigentümer von NFTs im Wert von ca. 4 Mio. €, bei einer Investition von 300.000 €

- Mitglied von Gary Vaynerchuks Community **VeeFriends** und GiftGoat-Besitzer

- Vernetzt mit vielen wichtigen Künstlern und Influencern der NFT-Szene

warrenhimself
0x7dec...001e
NFTLink49AqYqLC
Joined February 2021

Warrenvault
0x9cbd...7903
XCOPY-thqng3gu
Joined August 2021

NFT Handel erklärt - Opensea
Tutorial deutsch - so...

11.884 Aufrufe · vor 3 Monaten

⚓ Rasch wachsender **YouTube-Kanal**
mit Tausenden von Abonnenten

⚓ Future of Finance (FoF) **Mentor für**
Finanz-Interessierte mit Mitgliedern vom
Angestellten über bekannte Künstler bis
hin zu CEOs namhafter Unternehmen

⚓ Präsent auf **Facebook, Twitter, Instagram**. Vernetze dich mit ihm!

NFTFOLIO
⚓ Unternehmer, u. a.
Gründer von *nftfolio.io*,
einer der wichtigsten
NFT Portfolio-Soft-
wares im NFT-Space

⚓ Geld-Mindset-Experte
mit Facebook-Gruppe
HACK YOUR LIFE

DAS SAGEN TEILNEHMER VON MIKES MENTORING

»Die vergangenen drei Monate mit Mike und der Future-of-Finance-Gang waren für mich eine der spannendsten Phasen meines Lebens. Ich habe sooo viel gelernt, viel Geld verdient und noch mehr Spaß gehabt. Danke Mike, dass du mir die unglaubliche Welt der NFTs, der DeFis und Bridges, der Schafe und Wölfe, der Punks und Apes gezeigt hast. Absolute Suchtgefahr. Aber nicht nur das. Mikes positive Einstellung zum Leben beginnt, mich langsam, aber sicher anzustecken. Weil es wirklich funktioniert! Das hätte ich als absolut kopflastiger Mensch nie gedacht. Mach weiter so, Mike. ●«   *Markus Arens*

»Ich beschäftigte mich seit einer Weile mit Vermögensaufbau und fand den Kryptobereich interessant. Ziel war, ein Passiveinkommen zu generieren, um meine Kinder und mich bei Verdienstausfall oder Krankheit abzusichern. Stand Dezember 2021 habe ich dieses Ziel erreicht. Durch Play-to-Earn-NFTs habe ich ein Passiv-Einkommen, von dem ich leben könnte. Dank des großartigen Supports von Mike und der Mentoring-Gruppe werde ich dies weiter ausbauen und demnächst ziemlich sorgenfrei sein. Meinen größten Dank dafür!«   *Kirsten Beckord*

»Ich habe mich jahrelang nicht an Kryptos getraut, weil ich dachte, das wäre viel zu kompliziert für mich. Dann kam ich über eine Empfehlung zu Mike, und wenige Tage später kaufte ich einen NFT, der täglich Geld einbringt. Mike hat sich unheimliches Expertenwissen aufgebaut, das er auf eine humorvolle, lockere und leicht verständliche Art zu vermitteln weiß. Ich bin dankbar, Teil seiner tollen Community zu sein, und bereue nur, ihn nicht schon ein Jahr früher kennengelernt zu haben, weil ich sonst auch mindestens einen Bored Ape hätte.●«   *Danny Budina*

»Mike Hager ist in Deutschland und Europa der größte ›NFT-man‹. Fundiertes Wissen gepaart mit positiven Emotionen ist sein Erfolgsrezept, und es gibt nur wenige Menschen, die bereit sind wie er, all das bedingungslos zu teilen. Ohne seine Videos auf YouTube hätte ich noch heute keinen einzigen NFT. Dies ist aber nur die Spitze des Eisbergs. In Mikes Mentoring werden komplexe DeFi- und NFT-Themen einfach und vor allem früh-

zeitig dargestellt. Schnell sein lohnt sich, und Mike ist sehr schnell. Danke
dafür!!!«   *Didi F.*

»Seitdem ich mich für Mikes Mentoring angemeldet habe, beschäftige ich
mich nicht nur jeden Tag mit meinen Finanzen, welche in mir früher eher
Hilflosigkeit auslösten, sondern ich liebe auch noch jede Sekunde davon.
Das liegt auch an den tollen Menschen, die ich kennengelernt habe. Wäh-
rend ich in der ersten Woche noch dachte, man müsse IT-affin sein, um
da durchzublicken, war ich schon nach wenigen Videos sicher: IAGMI!
Inzwischen sind einige meiner NFTs mindestens das Fünffache meines
Einsatzes wert. Danke, Mike!«   *Chantal Douglass*

»Bevor ich zu Mike ins Mentoring kam, war ich schon als Speaker und
Unternehmer im NFT-Bereich unterwegs. Sein Mentoring hat mir gehol-
fen, meine NFT-Aktivitäten innerhalb weniger Wochen auf ein völlig neues
Level zu heben. Egal ob Anfänger oder Fortgeschrittene: Mike schafft es
mit seiner super sympathischen und hilfsbereiten Community, alle mitzunehmen. Dabei geht es um viel mehr als nur Kurse, Werte und Zahlen:
Einmalig ist auch die Kombination aus wertschätzendem Umgang, Spaß
am langfristigen Vermögensaufbau gepaart mit Mikes Spürsinn für vielversprechende Projekte und Künstler, die er auch mal direkt zu Wort kommen lässt.«   *Berthold Glass*

»Mikes unerschöpfliche Energie überträgt sich nicht nur, sondern poten-
ziert sich in der Future-of-Finance-Communitiy sogar. Wow, was für
eine fast senkrechte Lernkurve, was für ein Abenteuer! Tatsächlich gibt
es jeden, ich wiederhole: jeden(!) Tag interessante News, Chancen und
Möglichkeiten. Fazit: ein Wahnsinns-Typ mit unendlich Grips und Leidenschaft, super Gruppe, Spaß ohne Ende! Daher einfach nur ein dickes
Dankeschön, lieber Mike, für diese verrückte Reise, die noch seehr, seehr
lange dauern darf!«   *Tom Kett*

»Wenn mir jemand gesagt hätte, dass ich in zwei Monaten eine neue Sprache erlernen werde, dass ich Pokerspielen lernen werde und dass ich Teil
einer so genialen Community sein werde – ich hätte alles verwettet! Inzwischen habe ich meine Kurskosten bereits eingespielt und somit Free Money
für neue interessante NFT-Projekte zu Verfügung. Danke an Mike für
seinen unermüdlichen Einsatz für die Future-of-Finance-Community!«
                                                    Martin Kickmaier

»Das Mentoring von Mike eröffnete mir die NFT-Welt. In nur drei Monaten habe ich solch ein Wissen aufgebaut, solch eine Leidenschaft entwickelt und solch eine liebevolle Community kennengelernt, dass ich ihm vom Herzen dankbar bin. Und der schöne Nebeneffekt sind lukrative Investments, die oft mit der Freude an der Kunst verbunden sind.«   *Axel Klix*

»Ich bin unglaublich dankbar, Mike kennengelernt zu haben ♥. Ich habe in zwei Wochen Mentoring so viel über Krypto, DeFi und NFTs gelernt, dass ich bereits mehrere NFTs gemintet und in DeFi investiert habe. Und das mit sichtbarem Erfolg: + 50 Prozent! Mike ist wahnsinnig inspirierend, die Community ist fantastisch, Stella und das Team sind großartig und ich bin einfach glücklich, mit Mike den Weg in meine finanzielle Zukunft zu gehen – wagmi🚀!«
Annette Meinert

»Wow, bestes Mentoring, das ich jemals gemacht habe! Eine beeindruckende Erfahrung im NFT-Bereich. Wird mich mein ganzes Leben begleiten. Beste Community – jeder hilft jedem. Mike Hager beantwortet alle Fragen, haut die besten Tricks, Tipps und Empfehlungen raus und das Ganze buchstäblich Tag und Nacht! WAGMI. Danke für alles, Mike!«
Benno Müller

»Mike ist in der Lage, Menschen mitzureißen und ihnen ein positives Mindset zu vermitteln. Ich habe durch Mike und die Community das für mich bis dato komplett fremde Thema Krypto/NFT/DeFi auf eine ganz tolle Art und Weise gelernt. Dieses Wissen hat mir jetzt schon finanzielle Erfolge (Verkauf eines NFT, Einsatz 1000 Euro, mit einem Gewinn von 5000 Euro) gebracht und wird mich in meinem Leben weit nach vorne bringen. Auch durch meine neue Art zu denken fällt mir vieles im Leben viel leichter.«
Sascha Odrozek

»Mike hat mir gezeigt, worum es bei NFTs und im Web3 wirklich geht – Community. Zwar ›verstecken‹ sich alle hinter bunten Avataren, doch der Zusammenhalt ist stärker, als man sich vorstellen kann. Durch seine humorvolle und liebenswürdige Art schafft Mike es, teils komplexe Themen verständlich zu erklären und Begeisterung zu entfachen. Nach nur wenigen Wochen konnte ich ein schönes Portfolio im mittleren fünfstelligen Bereich entwickeln. Aber viel wichtiger ist, dass ich mir sehr früh Wissen aneignen konnte, das mir mein Leben lang helfen wird. Danke lieber Mike für diese tolle Arbeit!«
Sebastian Perner

»Das Future-of-Finance-Mentoring mit Mike ist der Lern- und Freudehöhepunkt meiner Reise in die umwerfend spannende und chancenreiche Welt der NFTs, Blockchains und DeFi. Geballtes Wissen gepaart mit pulsierender Leidenschaft, Empathie und gegenseitiger Unterstützung: nicht nur von Mike, sondern dem gesamten Team und einer schnell lernenden Community, in die ich mich sofort verliebt habe.« *Manuela Ruppert*

»Mikes fröhliche positive Art hat mich sofort überzeugt. Seine Mindset-Arbeit ist unbezahlbar. Mike nimmt sich extrem viel Zeit, uns alle mitzunehmen, und gönnt jedem jeden noch so kleinen oder großen Erfolg. Er teilt seine ganze Expertise mit uns und bietet uns damit eine unglaubliche Möglichkeit, langfristig dezentral (erfolg)reich zu werden. Dank Mike habe ich zum ersten Mal im Leben das Gefühl, finanziell unabhängig werden zu können.« *Renate Schimanek*

»Es ist noch gar nicht so lange her, dass ich mit Finanzen nicht viel am Hut hatte und das Thema einfach trocken fand. Das hat sich in den letzten anderthalb Jahren um 180 Grad gedreht, seitdem ich in Mikes Mentoring gekommen bin. Mikes Gespür für gute Investments ist beeindruckend. Heute bin ich selbstbewusster, nicht nur, was meinen Umgang mit Geld anbelangt, sondern allgemein, und ›nebenbei‹ hat sich mein Portfoliowert versechsfacht! Und das ist erst der Anfang! Ich schätze Mike ungemein, er hat eine unvergleichlich besondere Art, mit Menschen umzugehen, und ich bin jeden Tag dankbar, dass ich Teil unserer großartigen Community bin! WAGMI!!!« *Stella Schutz*

»In Mikes Mentoring lernte ich in kürzester Zeit, die wichtigsten Grundlagen umzusetzen. Mit einem meiner ersten NFTs konnte ich einen Gewinn von mehr als 42.000 Euro erzielen. Seit mehreren Monaten habe ich ein passives Einkommen von über 1350 Euro auf Decentralgames (Play to Earn). Danke für alles Mike!« *Klaus Staudinger*

»Mike ist ein hervorragender NFT-Experte und Mindset-Motivator. Besonders bemerkenswert ist die Fülle der Recherche, die Mike im Hintergrund betreibt. Diese hat einen unglaublichen Mehrwert, der in Stunden unbezahlbar wäre. Als absoluter Laie hätte ich mir nie erträumt, mir innerhalb von nur acht Wochen ein Portfolio von über 30 NFTs anzulegen und nun auch selbst bewerten zu können, welche davon Zukunft haben. Ich bin dankbar, Teil dieser inspirierenden und extrem hilfsbereiten Experten-Community zu sein!« *Carmine Stella*

»Mike hat mir mit dem Coaching die Augen geöffnet und mir die Welt der NFTs nähergebracht. Er hat mir gezeigt, dass NFTs mehr sind als die kleinen digitalen Bilder, als die sie im Internet meistens dargestellt werden. NFTs sind die Zukunft, sie werden die Welt sicherer und schneller machen. Danke an Mike für sein tolles Mentoring und für das Wissen, das er mir über die Jahre mitgegeben hat. Und danke, dass es ihn als Person gibt!«

Tom Stuhl

»Mikes Fahrplan durch den abgefahrenen, verrückt-schönen NFT-Space ist einfach unvergleichlich. Er hat uns innerhalb weniger Wochen so viel Wissen und Sicherheit vermittelt, dass wir inzwischen ein wertvolles Portfolio besitzen. Das Mentoring ist jedoch viel mehr als die Beschäftigung mit Finanzen. Mikes Energie, sein Mindset und die Community sind unbezahlbar und eine Bereicherung für unser Leben!« *Sandra und Markus Wissing*

Kryptotrading

Sascha Huber

Der Handel mit Kryptowährungen wie Bitcoin, Ethereum & Co. ist ein neuer und aufstrebender Markt, für den sich auch immer mehr Trader begeistern. Tatsächlich lassen sich hier mit der richtigen Strategie hohe und nachhaltige Renditen erzielen.
Sascha Huber, selbst erfahrener Krypto-Trader, führt in die Welt der Kryptos ein und gibt Antworten auf die wichtigsten Fragen: Wie erkenne ich interessante Coins und Tokens? Wie vermeide ich Shitcoins? Zudem stellt er verschiedene Methoden für erfolgreiches Trading vor, zeigt Chancen und Risiken der Krypto-Börsen auf und gibt Tipps zum Thema Steuern.

208 Seiten | Hardcover | 29,99 € (D) | ISBN 978-3-95972-194-3

Kryptonomics

Markus Miller

Privatanleger und Banken haben gleichermaßen das Potenzial und die Faszination der neuen Währungen, allen voran Bitcoin, entdeckt. Krypto-Experte Markus Miller ist überzeugt: Gerade bricht ein neues Zeitalter an: Kryptonomics. Doch es bildet sich nicht nur ein ganz neuer Finanzsektor und Zahlungsverkehr heraus. Unsere ganze Welt ist im Umbruch: Internet der Dinge, künstliche Intelligenz, Cloud-Anwendungen und Cybersecurity sind nur die wichtigsten Bereiche, aus denen die Kryptotechnologie bald nicht mehr wegzudenken sein wird. Kryptowährungen werden somit, als Beimischung für das Gesamtportfolio, eine der zentralen Säulen für jeden vorausschauenden, zukunftsorientierten Kapitalanleger.

352 Seiten | Hardcover | 20,0 € (D) | ISBN 978-3-95972-471-5